一般人のための「反ことわざ」人生案内

佐野量幸

元就出版社

はじめに

ことわざは、単純化された決め言葉である。

たとえば、「為せば、成る」は、為しさえすれば必ず成る、かのごとき強い印象を与えるが、もし成らなかった場合、それは、努力が足らなかったか、成るまでやろうとする気力と根性に欠けていたからだ、とみなされる。

言うなれば、ダメだったのは、ことわざではなく、おまえ自身に問題があったかのごとくである。

また、「窮すれば、通ず」にしても、本当にこの句通りであったのならば、なぜこの国で毎年決まって三万人もの自殺者が出るのか、説明がつかない。

つまり、ことわざと現実との差は歴然としている、というわけである。

「窮鼠、猫をかむ」に至っては、猫をかんだねずみが、その後どうなったのか、よくわからない。

猫をかんだまではよかったが、結局、最後のあがき、ムダな抵抗に終わって、猫から食べられた、という可能性は決して否定できまい。

他にも、正反対の意味のことわざが、堂々と並び立っており、その事実こそは、御都合主義以外の何物でもない。

早い話、ことわざは、無責任なことに、言いたい放題の言い放しなのである。

一般的に責任が発生するところでは、軽々しいことはなかなか言えないし、決断するにも熟慮せざるをえない。

しかし、責任がないところでは、それこそ、自由気ままに、言いたいことが言えるのである。まるで、日本軍の参謀のように。

したがって、ことわざの本質が偽善的、独善的、無責任、そしていい加減で、ただのきれいごとにすぎないのは、当然だと言うことができる。

＊

世の中、ことわざ通りであったら、誰も不幸にならないし、苦労もない。

それがそうでないのは、ことわざは、所詮、一片の真実しか伝えていないからに他ならない。

したがって、「為せば、成る」にしろ「窮すれば、通ず」にしろ、うまいこと成ったら、あるいは、通じたりしたら、本当にそうなれば、いいね、という程度に理解するべきなのである。

ところで、一般人とは、とりたてて才能があるわけではなく、また特に恵まれてもいなく、さりとて運が良いということもないがゆえに、一般人なのである。

だからこそ、夢や希望を持っていないと、とてもではないが、やっていけないのである。

そんな蜃気楼のようなものにすがらないと生きるのが辛く苦しく切なく哀しいのが、一般人である。

これは、ある意味、現実逃避と言える。それと同時に、現実というものがいかに一般人に受け入れ難いかを証明している。

なぜなら、小説や映画などの架空の話に感動するのは、そのためなのであるから。

【一般人のための「反ことわざ」人生案内／目次】

一章　一般編

「七転び八起き」――八回目に起き上がれたから良かったものの、もし八回目で力尽きてしまったら、七回もの起き上がりも、ある意味、ムダになるところであった。

そもそも、人生で七回も転びそのたびに起きるという波乱万丈の生涯を送る人は、めったにいるものではない。

それに、せいぜい三回か四回目の転びで、たいていダメになるのではないか。人間の精神力は、七回も転ぶことには、とても耐えられないのではないか。

したがって、この句の転びは、起き上がりこぼしのように、すぐに立てる程度の転びである、と言わなければならない。

要は、最後がめでたしで終わった、というだけの単なる結果論にすぎないのだ。

＊

これは、あまりに転ぶことを甘く考えた句である。

なぜなら、七転びの中に、たまたま致命的な転びがなかったから、安易に「七転び八起き」と言えたのであるから。

と言うことは、一回目にそれがきた人にとっては、再起不能を意味する。

したがって、「七転びしても、八起きできた幸運な人」と換えるべき句なのである。

＊

「**牛にひかれて、善光寺参り**」——日頃、不信心の老婆が、逃げた牛を追っかけて、気がついたら善光寺に来ていたので、ついでにお参りした、という話が句になったもの。

つまり、単なる偶然から、生き方が変わったわけである。

実際、ほんのちょっとしたことがきっかけで、自分の進むべき道を見つけた人がけっこういるものだ。

ある人との出会い、またはある本との出会い、などさまざまで、そういう人は、幸いであると言うことができる。

ただし、それは、あくまでそういう道に進んで成功した人にかぎられる。

そもそも、これは、牛が偶然、善光寺へ逃げたことと、なおかつ、老婆がお参りしたから、成立した句なのである。もし、ふたつのうちどちらかが違っていたならば、きわどい句になっていた。

それに、老婆が本当に不信心ならば、たとえ善光寺にひかれて行っても、お参りはしなかったはずである。

なのに、お参りしたのは、老婆は不信心ではなかったのである。そう、いつかはお参りしたいと思っていたが、なかなかその機会に恵まれずに時が過ぎていったところ、思いがけず善光寺に来てしまったので、ようやく念願かなってお参りした、ということではなかったか。

こう考えないと、つじつまが合わない。

つまり、これは、設定がおかしい句である、と言わなければならない。

＊

人は、きっかけさえあれば、とんでもないことを仕出かす生き物である。

その最たる事件が、本能寺の変である。

現在でも、なぜ起きたのか、起こしたのか、議論百出で、謎のままである。

だが、きっかけはあった。信長がほぼ丸腰のままで京都にやって来たことがそれである。

老婆は、気がついたら、善光寺にいた。

同じように、光秀の目の前に、たまたま信長がほぼひとりの状態でいた。しかも、有力武将はすべて遠国にいて、京の近くにいるのは自分ひとりだけだった。

老婆は、善光寺に参り、そして光秀は本能寺を襲った。

理由は、老婆は、不信心ではなかったからであり、当然、光秀も心密かに信長を亡き者にしようと考えていたからである。

光秀にかぎらず、織田家中では、信長によって粛清された筆頭重臣の佐久間信盛の末路が常に頭にあったはずである。

つまり、信長の家臣たちは、何かのきっかけでいつ失脚させられるかわからない、という恐怖に常におののいていたのである。

もう一人の重臣、林佐渡守がクビを宣告された理由が、それを如実に物語っている。それは、ずい分と昔、信長がまだ若い頃に、反逆したから、というものだった。早い話、理由はどうでもよかったのである。急に気に入らなくなった家臣は、たとえ重臣であろうが、容赦なく切り捨てる、という信長の気まぐれに、光秀をはじめ多くの家臣たちは、とても平静ではいられなかった。明日は、我が身かもしれない、と。

したがって、本能寺の変は、光秀の牛にひかれての善光寺参りであった、と言うことができる。

言うなれば、本能寺の変は「いつやるか」「今でしょ」だったのだ。

＊

「鉄は熱いうちに打て」——鉄は熱すると、いかようにも加工できる便利な金属である。それを人間に仮託して、若いうちに鍛えろ、という意味でよく使われる句である。

だが、人間は、鉄ではない。血の通った生き物である。そして、若いときにかぎらず、いつも熱いし、いつも悩んでいる。

だから、打ちようによっては、死ぬこともあるのだ、ということを心すべきなのである。

これは、ただ単に鉄の特性のことを言っているだけの句にすぎない。

であるにもかかわらず、なぜに、そんな特殊な性質を、生身の若い人間に当てはめなければならないのか。

どうして、若いときに鍛えないと、大人になってからダメになるぞ、みたいな意味になってしまったのか。

バカのひとつ覚えではあるまいし、何でもかんでも、とにかく鍛えさえすれば、それでモノになる、と考えること自体、おかしいし、うさんくさい。

たとえば、麦は、芽が出たら踏みつけなければならないわけだが、これを稲やその他の農作物にも適用できるのか、てなものである。

すなわち、このことは、鉄の特性が、必ずしも生身の人間に当てはまるわけではない、というのと同じである。

したがって、例外的なことを持ち出して、それを一般的なものにすり替えたこの句は、はなはだ危険である、と言わなければならない。

「貧すれば鈍する」――そうではなく、豊かさは、鈍を隠す、というのが本当の意味である。

なぜなら、賢い人間が、急に貧しくなったとたん、ダメになる、なんてことはあるはずがないからである。

つまり、豊かさというメッキがはがれた結果、地金があらわれた、ということである。ただ単に、本来あるべき姿、または、正体が暴露されただけのことなのである。

そもそも、賢者の富めるはまれなのだから。

「失敗は成功のもと」――言い方が悪い。「失敗なくして成功なし」と換えた方がすっきりする。

失敗にもいろいろある。なかでも、最悪最低なのが、取り返しのつかない、致命的な失敗である。この場合、成功のもととは決してならない。

つまり、成功のもととなるのは、修正可能で、再チャレンジできる失敗のことを言う。しかし、容易に修正できる失敗を、はたして失敗と呼べるものなのか。また、再チャレンジできたからといって、それが成功を約束するとはかぎらない。

したがって、この句は、成功した結果から導き出された、結果論なわけである。

*

成功のもととなったのは、失敗よりも、むしろ運と偶然の場合が多い。世の中の大発見や大発明には、必ずと言っていいほど、幸運があった。あるいは、エジソンのように、一パーセントのインスピレーションが。

であるにもかかわらず、この句がいつまでも確固たる地位を失わないのは、一般人にとって、失敗だけが唯一の成功のもとだからである。

*

一般人が失敗に失敗を重ねてようやく手にした成功を、才能ある人がたいした失敗もなくやり遂げた場合、一般人の立場はまったくないと言っていい。これは、一般人にはとても耐えられないことだ。

そんな自分を擁護するために、失敗こそが、本当に成功のもとなのだ、と主張しなければならなかった。

すなわち、この句は、ある意味、一般人の心の叫びなのである。

＊

失敗が成功のもととなる失敗とは、成功の一歩か二歩手前のことを言う。そうでなければ、もとになりえるはずがないではないか。

つまり、すべての失敗が、成功のもとになるとはかぎらないのである。

＊

「**論語読みの論語知らず**」――専門バカという言葉がある。これは専門以外はまったく無知だ、という意味である。が、この句は、専門分野においても無知である、と言うのである。

つまり、肩書きだけで、肩書きの仕事がうまくできない、ということなのである。

＊

暗記しているが、意味についてはまったくわからない、という意味である。要は、理解力の問題なのである。

もちろん、知ることは大事である。「知らぬは末代の恥」と言うほどだから。しかし、もっとも重要なのは、理解することである。

したがって、「知って理解せざるは、知らざるに同じ」と言い換えるべき句である。

＊

専門家とは、本当は専門のことについて何も知らない人種である、という意味である。

たとえば、戦争を職業とする軍人は、軍事についての知識は、驚くほどない。と言うのも、戦争は理論よりも、実戦を経験して初めて知りえることが多いからである。

「戦争は重要なことだから、軍人に任せるわけにはいかない」と言った政治家がいた。これは皮肉でも何でもなく、厳然たる事実である。

過去の戦争で、無知な軍人によって、どれほど多くの血が流されてきたことか。

つまり、専門家とは、専門家と言われる人種であって、専門家ではないのである。


「人の振り見て、我が振り直せ」——他人の悪いところを反面教師として、反省しろ、という意味であるが、現実は逆の場合がほとんどである。

悪いことをやってたまたま注意されても、他の人もやっていることをやって何が悪い、とかえって開き直ることの方が多い。


「赤信号、みんなで渡ればこわくない」が、まさにそうである。

つまり、人間は、良いことよりも悪いことをよくまねしたがる困った生き物なのである。

だからこそ、法律ができたのである。それでも、なおかつ法律を破るのも人間である。

したがって、これは、人間性をまったく考慮していない句である、と言うことができる。


「我が身をつねって、人の痛さを知れ」——我が身を少しつねったくらいで、人の痛さが本当にわかると考えていること自体が、おかしい。これくらいで、人の痛さが実感できるわけがない。まことに、偽善のかたまりのような句である。

それに、身体の痛さより、心の痛みの方がはるかに辛く苦しく、しかも長く続く。

これは、他人の痛みにまったく鈍感な奴が作った句であることがありありとわかる。

ことわざにも、玉石混交があるが、この句は石の代表である。

「美人薄命」「佳人薄命」――不美人たちが溜飲を下げるためだけに作られた句である。

美人や佳人が長生きし、幸せな人生を送るなどということは、彼女たちにあっては、とうてい許すことができないし、決してあってはならないことなのである。

とにかく、彼女たちにあっては、何が何でも、美人や佳人は、短命か不幸な一生を送るのが当然のごとく運命づけられなければならないのだ。

絶世の美人、小野小町の晩年とその最期は悲惨であったという伝承があるのは、そのことを如実に物語っている。

童話では、シンデレラや白雪姫、そして眠り姫もみんな幸せになっているが、そうなるまでに、ひどい体験をしていた。

シンデレラは、まるで奴隷のようにこき使われ、白雪姫は何度も殺されかけて、ついには毒りんごを食べさせられたし、眠り姫に至っては、百年もの間、仮死状態のままだった。

こういうことがあったからこそ、彼女たちの幸せは、すべての女性に受け入れられたのだ。

つまり、これらの話は、美人に冬を経験させずに、すんなりと春を迎えさせてなるものか、という不美人たちの怨念を沈静させると同時に、納得させるストーリーだったのだ。

童話の世界でもこうなのだから、現実はもっとすさまじい。ただ、それが表に現れていないだけなのである。

＊

美人が苦しむのを快感とするのは、何も不美人だけではない。男もそうである。美人が苦悩する顔や姿を見て、心を揺さぶられない男は一人もおるまい。

かつて、悪役女子プロレスラーにさんざんいたぶられる美人プロレスラーの痛みに耐えている顔や姿を見たいばかりに、試合を見に行った男は多かった。

ところで、成功が長く続かないように、美人も長く美人ではいられない。つまり、美人薄命というのは、美しさは長く続かない、という意味でもある。

そして、佳人薄命も、すばらしい女性であり続けるのは、自分を不幸にするということなのである。

善人が若死にするように、佳人が幸せであることもめったにないのである。

「盗っ人にも三分の理」——つまり、犯罪には必ずそれなりの理由がある、という意味である。そして、テレビのサスペンスドラマや刑事ドラマでの犯人の犯行動機として、この句は確固たる地位を築いているのである。

脅迫がエスカレートして、それに耐えられなくなって、あるいは親兄弟恋人知人の復讐で、または非道な仕打ちに対する個人的恨みから、それぞれ犯行に及んだ……などと。

だいたいこの三つが、三分の理であると言っていい。したがって、盗っ人ならぬ「殺人には三つの理由あり」と言うことができる。

それにしても、毎回同じパターンの殺人事件をよくまあ飽きもせず制作できるものだと感心する。いや、そんなのをよくもまあ飽きもせずに見る方に、より感心するべきなのかもしれない。

「急がば回れ」――急ぐときは、つい近道を行ってしまう。でもって、近道とは、普段は行かない狭い道だったり、いろいろと障害のある道なのだが、最短距離の道でもあるのだ。

しかし、この句は、急ぐときこそわざわざ回り道をしろ、と言っている。つまり、いつも行き慣れた広くて何の障害のない道を行くのが、急ぐときのベストの選択だ、という意味である。言わば、無理して近道を行くな、ということなのだ。

しかし、急がなければならないから、少々の障害に目をつむって、あえて近道を行くのである。急がないときと同じ道を急ぐときも行くのであれば、近道の存在価値はまったくないことになる。逆に、急がないときに近道を行くのも、何か変である。気持ちが急《せ》かされているときこそ、安全で確実な道を行くのが、結果的にもっとも近道である、というこの句が主張したいことは理解できる。

だからと言って気持ちが急かされているときは、安全で確実な道が本当に安全で確実であるという保証はない。それが証拠に、見晴らしのよい道路でときどき見かける「事故多発地帯」の看板である。

現実問題として、急いでいるときは、近道を行こうが回り道をしようが、事故るときは事故るのである。

これはなかなか意味深長に見えて、回り道をする余裕がないから近道を行かざるをえない、という人間の心理を無視した句なのである。

「盗っ人にも三分の理」があるように、急ぐのにはそれ以上の立派な理由があるはずだ。もしも遅れてしまったなら大変なことになるから、無理を承知で近道を行くのである。

残念ながらこの句からは、そんな緊迫感はまったく伝わってこない。

安全が一番である、という主旨はよくわかるが、だったら何もしないのがもっとも安全なわけである。

つまり、これは、急ぐことによって何か危険な目にあうよりは、何もせずに安全なところにいろ、というふざけた句なのである。

＊

これは、回り道したために遅れてしまい大変なことになった場合はどうなるのか、ということが完全に欠落しているという、はなはだ無責任な句である。

「どうして、遅れたのだ」と聞かれて「はい。回り道していましたから」などと答えようものなら「バカにしているのか。なめてるのか」と怒られるのは必定である。

「いえ、そんなことはありません。ただ、急がば回れと言いますから」

「何だと。そんなに自分の身が大事なのか。おれとの約束など、二の次というわけだな。わかった。だったら、これからずっと回り道しながら生きていけ！」

したがって、これは、自分勝手で、自己中心的な句なのである。

＊

「**名人、筆を選ばず**」——各界の名人と呼ばれる人は、使っている道具へのこだわりが半端ではない。とりわけ、野球のバットへのプロ野球選手の凝り方はすさまじく、何ミリ、何グラムの世界なのである。とても、筆を選ばず、どころの話ではない。

したがってこの句は、たいして意味のない諺《ことわざ》になった。いや、そうではない。世の中から名人がいなくなっただけのことである。

中島敦の『名人伝』の主人公は弓の名人だが、ラストで彼は究極の名人となった。と言うのも、彼が弓を見て、いったいこれは何なのだ、と真顔で問うたからであった。

つまり、名人とは浮世離れした人間のことであって、決して誉められた存在ではない。

筆を選ぼうが選ぶまいが、それは本人の勝手であって、それをもって名人の条件とすることがおかしいのである。

なぜなら、筆を選ぼうが選ぶまいが、名人は名人なのだから。

結局のところ、名人がどうしようとしまいと、一般人とは何の関係もない別の世界のことなのである。

「生兵法は怪我のもと」――この場合の兵法とは武芸のことであり、少しばかりかじった武芸を生兵法と言ったもので、その程度の武芸はよく怪我をする、という意味である。

ならば、怪我しなくなったら、生兵法ではないのか。また、生兵法でない兵法とはどういうもので、何を基準としているか、という事例が欠落している句である。

つまり、ちょっとばかり出来るからと調子に乗ると、怪我するぞ、と言いたいだけなのであって、たいした意味はない。

このように、一見してなるほどと思わせる句に、けっこうおかしなものが多い。

これは、ただ初心者を戒めただけの句にすぎないのである。


「知らぬが仏」――何も知らないことが、仏の心境でいられるという意味。ならば、世の中の不正や不法行為を知ってしまったらどうなるか。それは、とても仏の境地ではいられなくなる。そして、激しやすく、正義感の強い人だったら、怒り心頭に発して敢然と立ち上がるはずである。


つまり、この句には続きがあり、それは、「知れば鬼」である。

マスコミが発達した現在、この句は存続の危機にあると言っていい。

＊

この句を書き換えると、こうなる。

「知らぬが極楽、知れば地獄」

要は、聞かぬが花であり、臭い物にはふたをすれば、地獄を見ずに済むわけである。

なぜなら、厳しい現実に直面して心身をすり減らすよりも、何事もなかったことにしておく方が、平穏無事でいられるからだ。

ここから、先延ばし、先送りという言葉が生まれた。

つまり、地獄を見たり聞いたりするのをできるだけ避けたいという心理が、「知らぬが仏」という句となったものである。

＊

早い話、悪い現実や事実を知らないでいれば、幸せで生きていける、ということである。だが、所詮、それは見せかけの幸せでしかないわけで、だとするならば、世の中から幸せがなくなってしまう事態となる。

たとえ見せかけでも幸せの方がいいのか、知ることで見せかけの幸せを失った方がいいのか、一般人には悩ましいことである。

「下手な鉄砲も数撃ちゃ当たる」——これは、当たるまでしつこく鉄砲を撃ったから、言えたことであって、途中でやめたら言えなかった句である。

また、数撃ちゃの数が、具体的に何百発なのか何千発なのか明示されていないがゆえに、いい加減な句であると言うことができる。

なぜなら、現実として、まぐれ当たりでもないかぎり、下手な鉄砲が当たることはないからである。数百発や数千発も撃ち続ければ当たることもあろうが、その前に鉄砲が使い物にならなくなる。

したがって、まったく意味のない句であると言える。それは、結果としてたまたま当たった、というだけのことなのだから。

「窮すれば通ず」——そうではなく、窮しないと通じない、と言い換えると、スッキリ意味が通じる。

夏休みの宿題など、八月三十一日が目前に迫らないとなかなかヤル気が起こらなかったものである。

窮するたびに必ず通じるのは、小説や映画やテレビドラマの主人公たちだけである。本当にそうであるなら、自殺する人間はいないはずなのだが、そうならないのは、通じなかったからに他ならない。

とにかく、ことわざには「為せば成る」などの無責任な句が多過ぎる。だから、額面通り受け取ってはいけないのである。

＊

これは、事実を言ったのではなく、そうあってほしいという願望を語った句である。と言うのも、窮すれば通じる、というそんな火事場のバカ力みたいな非日常的現象が起こることが前提となっているからだ。

したがって、追いつめられたねずみが猫をかんで逃げきれるといいね、という他人事のような句なのである。

＊

「砂上楼閣《さじょうろうかく》」――物事が実現不可能であることを強調した句である。

だが、人類の進歩は、不可能を可能にしてきた歴史でもある。

そして現在、砂漠の国に巨大なビルが林立している。

そうなのだ。楼閣とは、砂上に建てることができるのである。

したがって、この句は、不可能を可能とする、という意味に変更しなければならない。

「光るものすべて金ならず」——男女関係で、相手を気に入ったり好きになったりした要因は何かと聞くと、たいてい、やさしさ、という返事である。

しかしながら、男のやさしさは、多くは弱さの裏返しにすぎず、女のやさしさは打算である場合がほとんどである。

黒いものでも、黒光りすることを忘れてはならない。

＊

早い話、見た目にだまされるな、ということである。

光を使う漁法もあるのだから。

＊

これは、立派に見えるからといって本当に立派であるとはかぎらない、という意味である。いや、むしろ、逆な場合が多い。なぜならば、「見かけ倒し」という句の存在がそのことを証明しているからである。

「案ずるより生むが易し」——これは、たまたま結果がうまくいったから言えたことであって、それをすべてのことに当てはめようとするには無理がある。

なぜなら、世の中には易しみたいなものはきわめて少なく、むしろ案じた以上の困難の方が圧倒的に多いからだ。

太平洋戦争でも、緒戦は、まさにこの句の通りであったが、最後は、案ずるも遠く及ばない、未曽有の敗戦となった。

したがって、これは、ためらっている人の背中を無理にも押そうとするための句でしかない。言うなれば、単なる気休めである。

つまり、これには、運が良ければ、が省略されている意外と危険な句なのである。


「聞くは一時の恥、聞かぬは末代の恥」――それならいったい、どういうことを知らないと、末代までの恥となるのか。また、誰が末代までの恥を背負って生きていたのか。

とにかく、具体性のまったくない句であると言わなければならない。

一時の恥を忍んで、知らないことを聞け、という程度のことが、聞かずに知らないままいたら末代までの恥になるぞ、ということからして支離滅裂、意味不明、非論理的である。

そもそも、知らないことを聞くのが、どうして恥なのか。誰にでも知らないことはあるわけで、だからと言って、それを恥と考えてる人はいない。それを大げさに、末代までの恥となるぞとは、誇大妄想以外の何物でもない。

これはつまり、プライドがやたら高い人限定の句なのである。だからこそ、知らないことを恥と考えるのである。

したがって、これがことわざとして存在し続けているのは、日本人は、根拠のないアホなプライドに束縛されている、ということを証明している。


「ペンは剣より強し」――歴史上、ペンが剣に勝ったことは一度もない。にもかかわらず、この句が存続しているのは、あくまで、その究極の理想を標榜しているからに他ならない。

理想は高いに越したことはない、というものの典型である。

「筆は一本也、箸は二本也」と言った批評家がいた。つまり、現実はまことに厳しく、筆一本ではなかなか食えない、という意味である。

そんな箸二本にも劣るペンが、剣より強いはずがないではないか。

ただ、マスコミの人々は、この句に酔い痴れ、真理であると本気にしているのには、困ったものである。

＊

これは、剣による暴力よりも、ペンによる暴力の方が、人をより強く傷つける、という意味なのである。

すなわち、「ペンの暴力は、剣の暴力よりも強し」ということなのだ。

身体の傷は時とともに治るが、心の傷はなかなか治らない。

世の中で、どれほど多くの人々がペンの暴力に泣かされ傷つけられたことか。

ペンをインターネットの書き込みやツイッターと言い換えると、より理解されるはずだ。

「稔るほど　頭《こうべ》を垂れる　稲穂かな」――ただ単に、重力の問題であり、自然現象にすぎない。

それを、偉くなっても偉そうにするな、偉い奴は頭を垂れているものだ、というやっかみ半分、願望半分の句なのである。

そもそも、頭を垂れたからといって、必ずしも稔っていることの証明にはならない。麦穂のように、稔っても頭を垂れずに、毅然としている人だっているのだ。それに、稔ったら、頭を垂れるも何も、すぐに刈り取られるだけのことではないか。

「**忠言、耳に逆らう**」――これは、聞く耳のある人には、まったく無縁の句である。つまり、聞く耳を持たない者に忠言しているだけのことであって、たいした意味はない。したがって、「忠言が耳に逆らうほどの愚か者」とすべきなのである。

そしてこれは、ただの愚か者ではなく、すぐれていて賢いが、人の意見にまったく耳を貸さない者に対する句なのである。

あのナポレオンでさえ、タレーランの時宜にかなった忠言をいっさい聞き入れなかったがために、坂道をころがり落ちて行ったのである。

ただの愚か者には、誰も忠言しない。するだけムダだから。

したがって、それまで忠言していた人がぱったりとやめたなら、自分は愚か者になった、と自覚するべきである。

＊

いや、そうではない。自分を愚かだと自覚できるのは、愚か者ではない証明なのだから。ただ言えるのは、忠言にいっさい耳を貸さないのが愚か者である、ということである。

そうではない。人は、忠言に逆らうのではなく、忠言した相手に逆らうのである。

なぜなら、目上の人、尊敬する人、頼りにしている人、信頼している人からの忠言に逆らうことは、よほどのことがないかぎり、無理だからである。

内心では逆らいたくても逆らえない。

すなわち、この句は、何を忠告されたかではなく、誰から忠告されたか、の問題なのだ。


「百聞は一見にしかず」——すべてのことは、自分の目で確かめるのが一番いい、という意味である。

と同時に、情報というのがいかに当てにならないか、を警告した句でもある。

第二次世界大戦のアフリカ戦線で、砂漠のキツネと言われたドイツ軍のロンメル将軍は、自ら前線に赴いては現場の状況を把握するのが常だった。そのため、何度も死にかけた。

なぜ、この句が長く言われ続けてきたかと言えば、それがたいへんむずかしいからである。なかなかできないからである。ロンメルほどではないにしろ、命懸けのことだからである。

だから、百聞することになるわけである。つまり、百回聞く方が一回見るよりも、はるかに楽なのである。

したがって、この句は「百聞は易く、一見するは難し」と言い換えるべきである。

＊

なぜそうなのか、と言えば、「聞くと見るとで大違い」とか「聞いて極楽、見て地獄」だからである。

つまり、人から聞くより、自分の目で確かめた方が、本当のことがよくわかる、という意味である。

要は、大事なことは他人に任せるな、ということである。

それに、「話半分」という句もあるように、人の話はとかく大げさなものである。

したがって、「百聞は聞かずにしかず」と言い換えられるべきである。

と言うのも、現代は、情報が氾濫し、錯綜しているからである。そしてその多くは、はっきり言って、どうでもいいものばかりなのであるから。

であればこそ、百聞のうち、どれが本当なのか、または有益かを確かめるために、一見しなければならないのである。

*

「**雨降って、地固まる**」——昨今の雨は、すごいことになっている。地を固めるも何も、地を押し流すようなゲリラ豪雨や集中豪雨が頻発し、各地で台風並みの大災害を引き起こしている。こんなことになるくらいなら、いっそ雨など降らない方がいい、と心から思うくらいの被害が出ている。

したがって、この句は、地が固まるくらいの雨が降ったとき限定なわけで、たいした意味はない。

雨は火と同じで、なくては困るが、多くあったら大災害をもたらす。

したがって、これは、自然の脅威を甘く見た句であると同時に、そうあってほしいという切なる願いが込められた句なのである。

*

自然は恵み深いが、ときには非情でもある。田畑を潤してくれる恵みの雨が、突如大洪水を引き起こして、田畑はおろか生活環境すべてを破壊することもある。

つまり、この句のように、世の中はなかなかうまくいかないのである。

長く日照りが続いたとき、台風がやって来た。ああ、これで久し振りに雨が降ってくれる、と日頃は忌避し、嫌悪している台風に大いに期待していたところ、何のことはない典型的な風台風で、おしめり程度の雨しか降らなかった、ということもあったのである。

つまり、これは、地が固まる程度に雨が降りますように、という、まことにムシのいい句なわけである。

＊

人間関係においても、この句のようにうまくいくのは、幸運によるものであって、たまたまほどよい雨が降った結果にすぎない。

世の中、ただ雨さえ降れば地が固まるものなら、誰も苦労しないのである。


「好機逸すべからず」――本能寺の変の明智光秀がまさにこれだった。信長を討って、一瞬、天下人となったものの、結局、滅んだのである。

かつて、オイルショックのとき、石油業界は千載一遇の好機として、一斉に大幅値上げに踏み切った。そして、ボロ儲けをしたのである。

が、その後、世間からさんざん叩かれたのだった。

これは、一時は大成功を収めはするが、結果、それ以上のものを失う、ということを歴史が証明しているわけで、たいへん注意を要する句なのである。

つまり、相手の弱みにつけ込む好機は、本当の意味での好機なのかどうなのか、よく見究めることが大事である。

なぜなら、好機とはおうおうにして、目の前にぶら下がった餌であることもあるのだから。


「住めば都」——どんなひどいところであっても、住んで、住み慣れてしまえば、都と同じだ、という意味だが、ただのやせがまんにすぎない。

つまり、強いてそう思わなければ、とてもやっていけない、ということである。

少しでもいいところに住みたい、と願うのは人情である。だから、引っ越し業が繁盛しているのだ。

それを、この句は、頭から否定しているわけである。とんでもない句だと言える。

それとも、つべこべ言わず、現実を素直に受け入れろ、と強制した句なのであろうか。


「枯れ木も山の賑わい」——ないよりはまし、という意味。

または、見た目とても美しい富士山も、実態は、ごつごつした岩（とゴミ）の山であるように、賑わっているように見えて、それは枯れ木だったみたいに、見た目と現実がまるで違うという意味でもある。

枯れ木は枯れ木である。それを無理に賑わいとしなければならないのは、強引な解釈であり、見栄を張っている以外の何物でもない。

まるで、秀吉が得意とした一夜城である。

つまり、ハリボテであっても、敵に城と認識されれば、それはもう立派な城なわけである。

したがって、この句は、外見は派手に見えるものでも、実態は枯れ木であることが多い、というのが本当の意味なのである。


「石橋を叩いて渡る」——慎重で用心深い人間のことである。頑丈な石橋にさえ細心の注意を払うわけだから。

しかし、当時は危険でない石橋より、断然危険な道の方が圧倒的に多かったはずである。細い道やでこぼこ道やぬかるんだ道、それとか、一歩踏みはずしただけで転落してしまうようなさまざまな坂道や険しい峠道などがあったわけで、ならば、それらの道を歩くことに対しての用心はどうなのか。

頑丈な石橋を慎重に渡るくらいだから、他の道は、それこそ一歩一歩安全を確かめて歩くのだろう。カメの歩みのように。……そんなアホなことがあるか。

したがって、まことにくだらない句である、としか言いようがない。

＊

安全な石橋でも用心して渡らなければならない、というのは、福島の原発事故でいやというほど思い知らされた。ただこの場合は、作られた安全であり、安全であると思い込まされ、刷り込まれたもので、石橋とは決定的に違う。

安全な石橋でさえ用心が必要ならば、安全でない他の道はもっと用心が必要なわけで、そうなると、慎重で用心深い人は、外を歩けなくなってしまうのではないか。つまり、どこにも行けない、ということである。

つまり、本当に慎重で用心深い人を、外に出歩かない人、と言い換えるべきなのである。

＊

何を勘違いしたか、これを「石橋を叩いても渡らない」と、究極の用心深さを表現した句にアレンジして、得々としていた識者がいた。救いようのないアホである。

そんな不慮の事故にさえもあうことをこわがっていたら、歩くどころか、生きていくのもむずかしくなることに、まったく気がついていないのだから。

石橋でさえ容易に渡らないのなら、食べ物はすべて毒見させてその生存を確認した後でないと決して食べないか、あるいはそれでもなお用心して食べない、ということになるからだ。

つまり、慎重で用心深い人間は、ある意味、アホだということである。

＊

石橋は、叩いたことくらいで、大丈夫かどうか確認できる、と考えていることからしてまちがっている。腐りかけた木の橋ならいざ知らず、手でコツコツと叩いたくらいで、そんなことわかるか。トンネル内のカベをトンカチで叩いて、その音で聞き分ける、というのならわかるが。

早い話、「石橋を叩いてまで渡るアホな奴」と言い換えられるべき句なのである。

＊

石橋を叩いてまでしないと安心して渡れないのなら、初めから渡るな、と言いたい。

もっとも危険でないことにも用心しなければ気が済まないのなら、いったい何のために生きているのだ。

生きているというのは、常に危険と隣り合わせなのである。危険がそれほどまでに恐ろしいのなら、生きなければいいのだ。

＊

石橋を現代の信号機に置き換えると、すべての青信号で必ず一旦停止して左右を見て、安全を確認してから通行する、あるいは用心してゆっくり動く、ということなわけである。

あえて言いたい。そんなことができるものなら、やってみろ、と。

＊

「危ない橋を渡る」という句がある。

人が生きるというのは、ある意味、危ない橋を渡り続けることではないのか。だからこそ、うまく渡り切ったところに、喜びや感動があるのだ。

したがって、石橋を叩いて渡るという、常に安全なところばかりを歩いている人間には、それがないのである。


「**負けるが勝ち**」――当面の勝負はとりあえず相手に勝ちを譲るが、最終的にはそれが勝ちにつながる、という気の長い句である。

この句が実際に当てはまるのは、徳川家康ただ一人である。にもかかわらず、誰をも納得させる公認のことわざとなっているのは、なぜなのか。

おそらく、「失敗は成功のもと」に通じているからであろう。

ただし、失敗と同じように、負けにもいろんな種類があり、そして程度の差がある。と言うか、負けても、また次に勝負ができるような負けを、負けと断じてよいものだろうか。なぜなら、負けというものは、さらっと一口で言って済ませられる性質のものではないからだ。

たとえば、全力を出し切った末に負けた場合、次などないからだ。関ヶ原の戦いでの石田三成がそうであった。

彼には、この句のような余裕などなかったのである。あの一戦が、すべてだったのだ。

つまり、これは、最終的に勝つことができた結果から導き出された、無責任な句である、と同時に、致命的な負けを喫した者は、絶対に言えない句なのである。

したがって、真理とは、ほど遠い句であると言うことができる。

＊

負けたことが、その後の勝ちにつながったというのは、負けたことがその要因になったのではなく、多くは幸運によるものである。

言うなれば、「負けてもついには勝つことができたほどの運の良さ」と言い換えられるべき句なのである。

なぜなら、「勝敗は時の運」と言うではないか。

つまり、予定調和や、ハッピーエンドをテーマとする、世の中をなめきった物語でしか存在しえない句なのであり、一般人にこれほど無縁の句も珍しいと言わなければならない。

「逃げるが勝ち」——これは、勝負のことを言ったのではなく、生きることを第一に考えろ、という句なのである。

世の中は常に動いている。追い風もあれば、向かい風もある。突風や竜巻、台風があれば、涼風、無風もある。「待てば海路の日和あり」とも言う。

とにかく、命からがらでも逃げて生きてさえあるならば、いつかきっといい日和にめぐりあえるものである。

そもそも、逃げるという言葉からは、卑怯とか臆病などという罪悪感の意味しか連想されない。特に日本ではその傾向がたいへん強く、ために太平洋戦争で多くの兵士が玉砕という美名のもと命を落としたのである。

ということからも、この句は、逃げるという言葉を使わず、「恥を忍んでも生き残った者が勝ち」と言い換えられるべきなのである。

「下手の横好き」——余計なお世話である。

どうして、人はかくも他人のすることの上手下手に関心をもつのだろうか。この句は、下手だったら、まるでやってはいけないかのような言い様である。

好きなことをやっている当人にとって、上手下手など、別にどうでもいいのである。そう、要は、好きなことがある、というのがもっとも大事なことなのだから。

なぜなら、いくら「好きこそものの上手なれ」と言ったところで、その上手にはおのずと限界があるからだ。

将棋や囲碁が好きだから、というだけでプロの棋士にはなれないように、好きとはそこそこ上手にはなれる程度のものであって、言わば、中途半端。プロを目指すのではないかぎり「下手の横好き」の下手と、あまり差はないわけである。

つまり、プロからしてみれば、そうではない人の上手とか下手とかいうのは、単に、どんぐりの大小にすぎないのである。

下手でいいのだ。要は、楽しければ、それが一番なのである。


「**ころばぬ先の杖**」——まるで、杖があれば絶対にころばない、と主張した句である。そんなことはない。

そもそも、杖はころばないために持ち歩くものではない。歩き易いように、杖をつくのである。登山するときなど、重宝する。

したがって、これは、使用する目的をまちがえた句なのである。

＊

普通、ころぶ前に、つまずくものである。つまずいて、つんのめって、そしてころぶのである。初めからいきなりは、ころばない。

それに、つまずき、つんのめったとき、杖は何の役にも立たない。いや、むしろ、危険でさえある。

本来、杖は、歩くのに少し支障のある人がその補助用として使うものである。

また、足許が覚束ないとき、杖があろうがなかろうが人はころぶものである。杖さえあれば絶対にころばない、というのは、ついこの間までの原子力発電は絶対に安全であるという電力会社の宣伝と同じで、まったく根拠がない。

つまり、杖は、単なる気休めにすぎないのである。

＊

万が一に備えると言うのならば、杖よりも傘の方であろう。ころぶより、突然の雨に降られる方が確率が高い。

とは言うものの、万が一に備えることを考えたら、それこそキリがない。これは、よくころぶ人以外には、まったく関係のない句である。また、備えがあるからといって、災難にあわないともかぎらないわけで、日頃から注意を怠るな、というだけの句にすぎない。

「為せば成る」——これは、成功するための、最低絶対条件のことであって、成功を約束、保証した句ではない。宝くじは、買わなければ絶対に当たらない、と言っているのと同じである。

確かに為さなければ何事も成らないが、では、為したら何事も成るかと言うと、そうは問屋が卸さない。これが、なかなか成らないのである。だから、人は容易に為そうとしないのだ。為せば必ず成るのであれば、誰でも為す。自信がないから、あるいは全力を尽くしてダメだったときのリスクを考えるから、為さないのである。言うなれば、為さないのには、ちゃんとした理由があるのだ。

これは、そんなことをいっさい無視した句である。

世の中、為せば成ることばかりだったら、誰が苦労するか、自殺するか。

したがって、これは、恐ろしいばかりに単純化された、危険な句である、と言うことができる。


「隣の芝生は青く見える」——なぜ、そうなのか。それはつまり、隣の芝生が見た目だけで判断されるからである。「色の白いは七難隠す」という。

つまり、見るというのは、良いところばかりが目につくことなのである。

ところで、この句には続きがあって、省略されている。それは「そして、我が家の芝生は青く見えない」である。なぜ、そうなのか。

それは、我が家の芝生は、その実態がよくわかっているからである。言うなれば、自分とこのは、悪いところしか目に映らないのであって、その結果、こういう句ができたのである。

隣の芝生が青く見えているのではなく、我が家の芝生が青く見えていないだけなのだ。

また、「光るもの必ずしも金ならず」で、青く見えるからというだけで、本当に青いとはかぎらないのである。

なぜなら、隣人から見た自分とこの芝生も、青く見えているはずなのだから。

これは、他人の持ち物は良く見える、というお互い様のことを表した句であって、まさに、一般人のいじましさを言い当てた句であると言うことができる。

要は、貧乏性なのである。何かにつけ、他人と比較してしまうという……。

＊

芝生に仮託したから、今一つ具体性に欠ける句となった。

これを奥さんや夫婦に置き換えると、この句の意図するところが、より鮮明となる。

近所でも評判の夫婦が、実は、仮面夫婦であったり、家庭内別居中であったりする。

また、良妻賢母と見られていた奥さんが、実は、不倫していたりする。

さすが、本音と建て前の国、日本である。


「火のないところに煙は立たず」——物事はすべて、原因があるから起こるのだ、という意味で、至極当然の句である。

だが、現在では、付け火や放火などで、火のないところではなく、燃えやすいものがあるところに煙が立つようになった。

つまり、火があろうがなかろうが、煙が立つのである。

したがって、「火のないところに煙を立たせる」と言い換えた方がいい。


「溺れる者は、わらをもつかむ」——これは、泳げない者限定の句である。と言うのも、泳ぎがうまい者は、わらをつかむくらいなら、まず自力で泳ごうとするからである。

言わば、わらにもすがろうと必死にもがくのは、泳げないか泳ぎに自信がない人間にかぎられるわけだ。

また、これは、条件反射の句でもある。溺れて死ぬかもしれないという極限状況にあって、無意識のうちに思わず何かをつかもうとするのは、むしろ自然な行動である。

つまり、別にわらでなくても、目に入ったものは何でもつかもうとするはずである。

したがって、この句は「泳げない者が溺れかけたら、何でもかんでもつかもうともがく」と言い換えられるべきである。

＊

断末魔の状況のことである。つまり、まったく役に立たないとわかっているわらにさえもすがろうとしているわけだから。

言うなれば、これは、人間の最期の状況を表した句なのである。

わらをつかんで溺れて死ぬという醜態をさらしてまで、生き延びようと必死になっている姿が、この句によく出ている。

すなわち、生き延びるためならば、どんなことでも、たとえそれがまったくムダとわかっていても、恥も外聞もなくやる、という人間の生への執念を感じさせる句なのである。

「バラの花にはトゲがある」――この場合、美しい花の代表としてのバラであり、そして美しさと同時にトゲを併せ持っている、という意味である。

だが、美しい花でも、トゲのない花は他にたくさんあるわけで、そうなると、この句の存在意義が失われることになる。

したがって、「バラの花だけがトゲがある」と変えなければならない。

では、なぜバラが美しい花の代表とされたのか。

それは、皮肉にもトゲがあるからに他ならない。つまり、トゲによって、近づきがたい存在となっているがゆえに、美しい花の代表とされたのだ。

ここんところが、男心のアヤである。簡単に手に取れる美しい花ではなく、手に取ろうとすると痛みをともなうバラであればこそ、男はバラの花を一種特別な存在に祭り上げたのである。

恋愛が、困難や障害にぶつかると、さらに燃え上がるのに似ている。

もし、バラからトゲがなくなったなら、それはもうバラではない。言うなれば、バラがバラであるのは、そのトゲのためであって、美しさのためではないのである。

世の中のバラのような女性に忠告したい。トゲは欠点なんかではなく、シンボルであり、バラの証明なのだ、と。

＊

これは「バラの花にもトゲがある」と変えるべき句である。つまり、完璧な美しさはない、ということである。

と同時に、トゲを受け入れる覚悟がなければ、バラを愛する資格はない、とも言える。したがって、トゲをも愛する者が、バラを愛することができるのだ。

トゲがあるからといって、バラのつぼみを見逃してはならない。

＊

バラの花のトゲは刺さっても、痛ッ！　くらいですむ。しかし、色鮮やかなきのこは、トゲがない代わりに、食べたら死に至ることがある。これすなわち、毒きのこである。

バラの花のトゲは見ればわかる。だが、きのこは、食べてみないことには、専門家以外、それが毒であったかなかったか、わからない。

したがって、トゲの痛みくらい、毒の苦しみでのたうちまわって死ぬことに比べれば、痛みのうちには入らない。

「終わり良ければ、すべて良し」――所謂《いわゆる》、結果オーライである。

明治維新後の日本は、ずっとそうやってきたのである。そしてその総決算が、太平洋戦争での未曽有の敗戦であった。

すると、今度は、すべてが悪いとみなされ、明治維新後にさかのぼって、否定される破目となった。

つまり、結果オーライではなく、結果がすべてであったのだ。

したがって、これは「終わり悪ければ、すべて悪し」と表裏一体をなす、危険な句であると言うことができる。

＊

この句の最大の受益者が、徳川家康である。

関ヶ原の戦いの勝利は、最低の勝ち方とも言うべき、裏切り勝ちであった。それも、かろうじて勝った、否、勝ちを拾ったものだった。

徳川軍主力の秀忠軍の遅参やその他数々の失策があったにもかかわらず、勝ったことによって、すべてが予定通りとされたのだから。

それどころか、家康の生涯のすべてに渡って、最上のものとみなされたのだ。

しかし、それは、日本国にとっては大きな不幸だった。

なぜなら、徳川幕府が倒れかかったとき、西郷隆盛と坂本竜馬は、こう言ったのだから。

「日本の夜明けは、近い……」

そう、徳川時代は、長い暗黒の世だったのだ。


「シャカに説法」――言うなれば、シロウトが、専門家に向かって、専門のことを教える、ということである。そしてその当人のことを、いい度胸をしている、という意味でもあるが、一方で「賢者は、愚者からも学ぶ」という句がある。

つまり、説法している相手が、本当におシャカ様かどうかは、シロウトの教えを黙って聞いて、ときどきうなずくか、それとも、ふざけたまねを、とまったく聞く耳を持たないか、でわかるということである。

したがって、どんなにかくだらないことや生かじりの知識であっても、ちゃんと聞いてくれるのが、賢者なのである。そしてそれは、説法してみないとわからない。

したがって、シャカに説法、大いにけっこうなことなのである。


「毒をもって毒を制す」――確かに、可能ではある。だが、ひとつまちがえば、毒同士が結び付くことも十分ありうるわけで、そうなったら、毒の威力は倍増し、さらに危険な事態を招きかねない。

したがって、軽々しく扱うべきではないのである。

また、毒に詳しくない者が毒を使うと、かえって大惨事を引き起こす恐れがある。

つまり、毒をもって、毒を制したは良かったが、自分自身も制されてしまうことにもなりかねないのだ。

所詮、毒とはそういうものなのである。

「急《せ》いては事を仕損じる」——事を仕損じるのは、何も急いていたことだけが原因ではない。要は、ただ単に下手だったのだ。

上手な者はたとえ急いていても、そのことで仕損じることはない。それが、上手ということなのだから。

つまり、下手は、急いても急いていなくても、仕損じるものなのである。したがって、これは失敗を急いていたためと言い訳する句にすぎないのだ。

「清濁あわせ呑む」——所謂、何でもかんでも受け入れるほど器の大きい人物のことである。俳人の高浜虚子が弟子の水原秋桜子に「清濁あわせ呑まなければ、大成しないぞ」と忠告したとき、秋桜子はこう答えた。

「濁を呑まねば大成しないのなら、大成できなくてもけっこうだ」

軽く、濁を呑むと言うが、これはけっこうむずかしい。要は、汚水や下水を飲め、と言っているわけだから。まあ、それで大成するならば、一口くらいだったら無理してでも飲めるが、それ以上となると……。

したがって、この句は、いざ実行するとなると、なかなかむずかしいことのたとえなのである。

＊

普通でマトモな人間なら、濁を飲んだら、体がどうかなるものだ。

それが、濁を飲んでも、どこも悪くならない、平気な人間というのは、よっぽど汚れているからである。

ある意味、この句は、ろくでもない人間のことを言っているのである。

＊

すなわち、大人物は、汚れているという意味である。

汚れることで大人物となったのか、大人物となったから汚れたのかは定かでない。ただひとつ言えるのは、人間が生きていく上で、濁を呑まなければならないときもある、ということである。

当然、濁を呑まなければ生きていけないのなら、生きなくていい、という人間も出てくる。

戦後、配給米だけで生活し、ヤミ米を食べなかったがために餓死した判事がいた。

孔子も「渇しても、盗泉の水は飲まず」と言った。だが、盗泉の水を飲まないと生きていけないなら、死んだ方がましだ、とはさすがに言わなかった。

要は、生きる本能にしたがって濁を呑むか、それに逆らってまで己を貫くか、ということである。

なかなかどうして、人間が生きていくのは、やっかいなことである。


「玉磨かざれば光なし」――才能だけではダメで、努力しなければならない、という意味。だが、ただ磨けばいいというものでもない。ひとつまちがえば、キズをつけることもあるし、また、もっと光るようにと磨き過ぎて、割ってしまうこともある。

つまり、玉とはたいへん繊細で、それに壊れやすいものなのであるから、取り扱うのはたいへん難しい。

したがって、かえって磨かない方がいいこともあるのだ。「角を矯めて、牛を殺す」と言う句もある。

＊

そうではない。常に磨いていなければ、ほこりやかびで光らなくなる、と言っているのだ。玉が玉であるのは、光っているからで、光らなくなったら、たとえ玉であっても、それはもう玉ではない。

したがって、玉が玉であることを証明するには、磨かなければならないのである。

＊

すなわち、才能に恵まれながら、ダメになった連中のことを言ったものである。

そして、たとえ才能がなくても、必死に磨くならば、鈍いかもしれないが、光を発するようになる、ということでもある。

そうなのだ。どんなものでも、磨くならば、微妙でも光るものなのだ。

「災い転じて福となす」――それができれば苦労はない。

これは、たまたまそういう結果になったから言えたことであって、言わば、結果論。

誰でも災難から立ち直ろうと努力する。だが、この句のようにうまくいかないのが現実である。

なぜなら、災いを福に変えることができるのなら、世の中は福ばかりとなってしまうではないか。

したがって、これは、切実な願望の句なのである。

＊

災いが福に変わったという状況は、小説や映画やドラマの世界の話であって、現実では、よほどの幸運がないかぎり、不可能なことである。

ただし、これがたまたま可能だった人が、後に大成した人ということになる。

したがって、「災いが転じて福となったほどの幸運」と言い換えるべきである。

早い話、一般人には無縁の句である。

「ピンチは必ずチャンスを包含する」――なぜかと言えば、絶体絶命のピンチに追いつめられたとき、相手に必ず油断が生じるからである。もうこれで勝った、と。

つまり、チャンスとは、その油断に乗じて危地を脱することを言う。要は、最後まであきらめるな、ちょっとした相手の油断を見逃すな、と同時に、最後の詰めを誤るな、ということなのである。

言うなれば、相手の油断こそがチャンスそのものだと言える。

ときどき、ピンチをチャンスに変えて、みごとに成功した人の話を耳にするが、そうではない。言わば、百パーセントのピンチはない、ということである。

したがって、これは、「油断大敵」の逆説的な句なのである。

「情けが仇」――「恩を仇で返す」

とも言う。歴史ではよくある事例であり、その代表が、明智光秀である。

つまり、歴史は、この句によって、ダイナミックに動いたのだ。早い話が、身内の反乱。自民党の田中角栄の田中派から竹下派が分かれ出て、その竹下派から小沢グループが脱退し、新党まで作った。

この三十年の日本政治史は、田中派の内部抗争と内部分裂の歴史と重なっている。

それはさておき、義理人情を尊び、浪花節の世界にどっぷりつかっている日本でさえこうなのだから、他の国はもっとすごいことになっている。

親兄弟はあってなきがごとし。ましてや、他人においては。であればこそ、西洋では、友情の貴さを謳った名言が数多くあるのだ。

ことほどさように、現実は厳しいわけで、「情けは人のためならず」などと、本当に見返りを期待して情けをかけるのは、おめでたい人であると言わなければならない。

したがって、「情けは味方」などと甘いことを言った武田信玄は、けっこういい人だった

わけである。

「毒を喰らわば、皿までも」——悪人が後を絶たないのは、この句によるところが大きい、

と言っていい。

一度悪いことをやったら、行けるところまで行こう、堕ちるところまでとことん堕ちてや

るみたいな、完全に開き直った句だからである。と同時に、中途半端を排した句でもある。

ただし、毒を喰らったら、最悪死ぬか、もがき苦しむわけで、とても皿まで喰ってやると

いう余裕はないはずである。毒を喰らってもまだ何かしようとするのは不可能であり、仮に

可能だったとしたら、それは毒ではなかったことになる。

したがって、これは事実に反する句なのである。

いや、そうではない。この句は、毒を喰らうならば皿までも喰ってやる、という覚悟を示

したものである。

つまり、強い決意を表明したいがために、あえて不可能なことまで言ってしまった、とい

う何ともお粗末な話なのである。死ぬ、死ぬと言って本当に死んだ人はめったにいないよう

に、毒を喰らうと決意して、まさか本当に毒を喰らう人間はおるまい。

そんなに毒を喰らいたかったら、黙ってさっさと喰ったらいいわけで、わざわざそんなこ

とを言う必要などないのである。

「**備えあれば、憂いなし**」——備えるのはむずかしい。想定をはるかに超える災害に備えるのは、不可能なことである。なぜなら、キリがないから。

東日本大震災が、この句がいかに無力であったか、また、備えが、備えたつもりだったということを、いやというほど思い知らせてくれた。

したがって、「不測の事態に対処できる備えがなければ、憂いが残る」と換えるべきであった。

＊

これは、自己満足の句である。または、無理にでもこれで憂いなし、と自己暗示にかけた句でもある。

つまり、災害に対する備えは、もうこれで大丈夫とはならないのである。

人間にとって、不安は、欲望と同じでキリがない。であればこそ、どこかで、これで憂いなし、の線を引かなければならなかった。しかし、それは人間の一方的な思惑にすぎず、大災害の前では、結局、まったく何の意味もなかった。

＊

非常時のための備えがあるだけで憂いのない人は、恵まれた幸せな人である。まして、憂いがいっさいない、と言い切れるのだから。そんな人は、日常においても憂いがない、ということでもあるのだから。

一般人は、日常生活で生じる大小の憂いを抱えて生きている。そのため、予測不可能な大災害にまで備える余裕などない。少なくとも、そんな大災害に見舞われることを想定しないで、日々を過ごしている。

したがって、この句は「備えあれば、憂いがなくなるほどの幸せ者」と言い換えられるべきなのである。


「泥棒を捕えて、縄をなう」——非常時に備えて、常に準備をしておけ、という意味。

それはいいが、ただこの句は、泥棒を捕えたことが前提となっている。つまり、泥棒を捕えることよりも、それを縛る縄の方が重要なことだ、と言っているのだ。

そんなバカな。縄があるとかないとかよりも、泥棒を捕えるのが、もっとも肝心なことであるはずなのに、それは無視されている。

つまり、この句は本末転倒なのである。

それに、泥棒を縛るのは縄に限ったことではない。帯でもいいわけである。

したがって、この句は、まったく無意味な、アホな句だと言える。

＊

泥棒を捕えるには、少なくとも武器がいる。泥棒に対抗できるだけの。

ところが、この句は捕えた後の縛る縄が大切であると言っている。

これではまるで、「捕らぬ狸の皮算用」そのものではないか。

宝くじが当たったときに備えて、何を買うか、そのリストを作っておけ、という意味なわけだから。

捕えた泥棒を縛る縄を前もって用意しておくよりも、泥棒に入られないように、用心と工夫をしておく方が、はるかに大事なことではないか。であるのに、この句は、泥棒は捕えられるものだ、という前提条件が濃厚にある。そして、縄を常備してさえいれば、それで万全であるかのごとき印象を与えている。

本当に問題とすべきは、泥棒を捕えることができるかどうか、なのである。この句では、「飛んで火に入る夏の虫」のごとく、家人が待ち構えているところへ、泥棒がわざわざ捕まりに来た、という状況しか見えてこない。

さあ、泥棒を縛る縄はないか。ない？　ならば、仕方がない。今から縄をなうか、と。

はっきり言って、これはまったく無意味な句であると言える。

＊

捕えるよりも、捕えた後のことを、この句はもっとも問題としている。つまり、問題意識が完全にズレているのだ。

その上、縄を常備しておけば、泥棒対策はそれで十分であるかのごとき、危機意識にまったく欠けた句である。

まさに、平和日本を象徴する句である、と言わなければならない。

「**ならぬ堪忍、するが堪忍**」――つまり、耐えられる堪忍なら誰でもするが、とても耐えられない、何度キレてもおかしくないことを堪忍するのが、本当の堪忍である、という意味。

だが、これには、当然、個人差がある。短気だったり、すぐキレる人間は、そのハードルは低いが、そうでない人間は、かなり高いものとなる。

であるにもかかわらず、すべての人間をひとくくりにして、何事も堪忍しろ、と強制した句なのである。「堪忍は一生の宝」というふざけた句が、このことを見事に証明している。早い話、為政者の都合のいいように作られて、庶民に無理矢理押しつけたわけである。そして、それを補強するために、堪忍することは美徳である、と刷り込んだのである。

したがって、ストレスがたまるだけのことを美徳などと正当化し、美化したのが、この句なのである。

＊

徳川家康の作と伝えられる遺訓の中に、堪忍は無事長久の基、という一節がある。

これはつまり、神君家康公でさえ長い間堪忍され続けた人生を送ったのだから、一般庶民が堪忍するのは当然のことだ、と言っているわけである。

具体的には、食うや食わずの状況にあっても、堪忍して一揆を起こすな、という意味なのである。（まったく、いい気なものだ）

ところで、現代ではこの句を実践するとなると、ウツになる確率がグンと高くなるか、堪忍に堪忍を重ねた結果、堪忍袋の緒が切れて、大惨事を引き起こしかねない事態を招く恐れがある。

要は、あまりにもすばらしく、もっともらしいことわざほど、人間の精神衛生面できわめて有害なことが多い、ということである。

なぜなら、それらは、聖人君子専用だからである。一般人が真似しようとしても、「鵜の真似をする烏」で、溺れ死ぬことが多いだろうから。

「喉元過ぎれば、熱さを忘れる」――これは、そんなにまで熱くないものだったから、このように言えたものである。なぜなら、百度近い熱湯では、この句のようなことは絶対にありえないからである。

つまり、これは一片の事実しか伝えていない、不完全な句なのである。

したがって、「喉元過ぎたら熱さを忘れる程度の熱さ」と言い換えるべきである。

＊

この句は、世話になったことや、受けた恩義をすぐ忘れてしまうたとえに使われることが多い。それでも、「恩を仇で返す」目にあうよりは、まだましだと言える。

ならば、かけた情けや与えた恩を長く相手に刷り込ませるにはどうしたらいいか。

それは、熱湯ではなく、滅茶苦茶、苦いものか辛いものを食べさせることである。つまり、喉元過ぎてもずっと後々までも残り続けるものを。

要は、生きるか死ぬか、絶体絶命の状況になったときに、恩義をかけることである。

「笑う門には、福来たる」――笑いのある家は幸せである、という意味だが、笑いにも実にいろんな笑いがある。

作り笑い、愛想笑い、薄ら笑い、助平笑い、あざ笑い、苦笑い、馬鹿笑い、失笑など。

そんなのにも、福は同じようにやって来るのだろうか。

早い話、笑う門とは、お目出度い人たちが住んでいる家のことである。つまり、お目出度いことが、福なわけであり、幸せなわけである。

ただ、それだけの句。

＊

「艱難《かんなん》、汝を玉にす」――二宮金次郎の座右の銘、と記憶している。

意味は、もともと玉だったものが、艱難によってさらに磨かれて、みごとな玉になったということである。

したがって、玉ではなく、石や瓦などの一般人には、無縁の句なわけである。なぜなら、石や瓦はどんなに磨かれても、玉になるわけではないのだから。それどころか、かえって砕かれてしまう恐れさえある。

言うなれば、艱難によって、玉か石か見分けがつく、ということなのだ。光れば、玉。光らなかったら、石。光るどころか、砕けたら、瓦というように。

＊

これは、そもそも、艱難に打ち勝ったことで、玉であることを証明した結果にすぎない。そして、玉であったから、言えた句なのである。

世の中には、艱難を前にして挫折する人間の方がはるかに多い。にもかかわらず、このように、はっきりと言い切られたならば、そんな人たちの立場はまったくないことになる。

つまり、結果として、一般人には「艱難は、汝をダメにする」となるのではないか。

「義理ほど、辛いものはない」——何が一番辛いと言って、義理と大恩のある人から、保証人になってくれ、と頼まれたときに優るものはない。

この紙に、ただ名前を書いて、ハンコを押すだけでいいから、と。

そして、必ず言われるのが、「決して迷惑をかけないから……」

しかし、迷惑をかけないと胸を張って言った人で、本当にそうした人がどれくらいいるだろうか。

つまり、迷惑をかけないとは、迷惑をかける、と同義語なのである。これは、金を貸したことが、実際は、くれてやったことと、よく似ている。言わば、貸すとは、与えるという意味なのだ。

わかってはいるが、これに、義理や恩がからむと、そういうわけにはいかなくなる。

したがって、この句は、永遠に不滅なのである。

「苦楽は、生涯の道連れ」——童話や昔話では、最後は必ず、「その後、幸せに暮らしました」で終わることになっている。と言うことは、逆に、現実がいかに不幸であるか、を示唆している。それも、日本の昔話では、じいさんとばあさん夫婦が定番である。

本当に幸せに暮らしたのなら、それは息子夫婦や孫たちに囲まれた生活であるはずなのだが、そういう設定はまったくない。老夫婦のみで幸せに暮らすとは、いったいどういうことなのか、具体的なことはいっさい語られていないのは、とりもなおさず、そんなこと、ありえなかったからに他ならない。それに、老夫婦が幸せに暮らせる期間はそんなに長くない。どちらかが寝たきりとなったら、その時点で、幸せな生活に終止符が打たれるわけだから。

つまり、病気しないでは生きられないように、苦を織り込んで、それと折り合うことで生きていくのが人生なのであって、幸せに生きることは、おまけみたいなものと割り切らないと、とてもではないが、やっていけないものなのである。

＊

本当は、苦こそが生涯の道連れである。「苦楽を共にする」という夫婦の句があるが、それはめったにありえない。

なぜなら、楽は確かに共にできるが、苦を共にするのはきわめてむずかしいからである。会社の倒産などで収入がゼロとなったとき、この危機をいっしょに乗り越えようとする夫婦がどれほどいるだろうか。

苦と楽を、苦楽と一つの言葉にしたことが、そもそものまちがいだったのである。と言うのも、苦がなくなることで楽となるわけで、初めから楽は存在していない。

したがって、この句は「苦は生涯の道連れ、楽はたまたま出会った道連れ」と教えるべきである。


「下駄も仏像も、同じ木の切れ」――同じ人間なのに、美人と不美人、天才と鈍才、有能と無能という違いが歴然としてある。が、「世界で一つだけの花」のように、いろんな花があるわけで、どれが特別にいいというものでもないのも、確かである。

つまり、不美人や鈍才、無能にも、何かしらの存在意義や価値が必ずあるはずなのだ。あるＣＭの決めゼリフ「(何であれ)可能性は決してゼロではない」を信じて生きていくことが、存在意義であり、価値なのである。

仏像はとても貴いが、実用にはまったくならない。だが、下駄は、ちゃんと誰かの役に立っているのだ。

「情けは、人のためならず」——これは、人から受けた恩をきっちりと返してくれる、義理堅い人限定の句である。

頼んでもいない情けをかけられて、ありがた迷惑だという人間もいるし、かけられて当然のことで、恩返しなどする必要はまったくないとする人間もいるわけである。

したがって、情けをかける場合、人を見て、かけるに値する人間だと確信してから、かけるべきなのである。

情け知らずや恩知らずに情けをかけても、かけるだけムダで、まったく意味がない。それどころか、まだ情けが十分でない、不足している、とさらなる情けを要求されるのがオチである。

「人を見て、法を説け」のように、「人を見て情けをかけよ」と言い換えるべきである。

「昨日の友は、今日の敵」——どうして、友だちが、突然敵となるのか、理解するのはなかなかむずかしい。ただ言えるのは、人の気持ちは山の天気と同じで、よく急変する、ということである。なぜもへったくれもなく、要は、そういうものなのである。

歴史は、そうやって動いてきたし、それを繰り返してきた。

西郷と大久保など、その典型である。また日本は、日露戦争でずい分と助けてもらったアメリカやイギリスとは、太平洋戦争で戦火を交えたのである。

したがって、友だちというのは、友だちという名の敵でもある、と言うことができる。

あるマンガに、敵の字に、敵《とも》、とルビが振ってあった。これなど、この句の逆バージョンである。

言うなれば、敵と味方や友だちの間に、厳密な区別はないのである。まさに、刻一刻と変わる山の天気そのものと言える。

そして、この句をある言葉が、みごとに表している。それこそが「裏切り」である。

歴史は、ある意味、裏切りの歴史でもあったのである。

そう、友は裏切るし、友を裏切ることもある。

「親の十七、子は知らぬ」――つまり、誰もが青二才だったことがあったわけで、今は偉そうなことを言っている親も、かつては逆の立場にあったのである。

これは、親よりも学校の先生の方が、よく当てはまる。

先生もかつては生徒だったのであり、そのときから先生然としていたわけでは絶対ない。

しかも、先生は生徒によく説教を垂れる。人の道や人のあるべき姿などをじゅんじゅんと教え諭す。（そんなとき、ギモンに思ったものである。そんな立派な人が、どうしてこんなところで

先生をしているのか、と）

早い話、偉そうなことを言う資格がない奴にかぎって、偉そうなことをよく口にするものである。

そんなあんたは、十七のとき、立派な人間だったと胸を張って言えるのか。または、それを証明してくれる当時の先生や同級生がいるのか、と突っ込みたくなる句なのである。

天才でもないかぎり、何をするにも最初は、誰でも初心者だったのである。

＊

テレビドラマの主人公はその多くがすでにして敏腕刑事であり、天才外科医である、という公式がある。

そういう設定にしないと、難事件が四十五分やそこらで解決しないし、難度の高い手術も成功させることができないからである。

初めに、敏腕刑事、天才外科医ありき、なのである。まことにもって、御都合主義である、と言わなければならない。

なぜなら、敏腕刑事も天才外科医も、駆け出し時代のときがあったにもかかわらず、その履歴がほとんどカットされているからである。

突然現れて、いきなり敏腕振りや天才振りを発揮する、なんてことは、スーパーマン以外にありえない。

早い話、テレビドラマの主人公はみんなスーパーマンなわけである。その結果、江戸時代のスーパー老人が主人公の時代劇『水戸黄門』のように、同じ設定のワンパターンシリーズが延々と続いていたわけである。

監督も役者も、よく飽きずにやっていたものだ、とあきれてしまう。なぜなら、そこには、監督の腕の見せ所も、役者の演技力も、ワンパターンに埋没して、ほとんどその必要がないからである。言うなれば、誰でもやれる。

とは言うものの、そんなのを熱心に飽きずに見ている視聴者の存在あってのことなのだが。

＊

「善人は、早死にする」——だから、戦争がなくならないのだ。

そうではない。早死にしたから、善人のままでいられただけのことである。

早死にしなかったら、はたして長く善人を続けていられたか、誰が保証できようか。

＊

なぜなら、一般人でも長く生きることは辛く耐えられないことなのに、まして善人にそんなことは不可能なことだからである。


「人を見たら、泥棒と思え」——これは、ある特権を与えられた警察官の心得のことである。

刑事ドラマで、現場にいた人たちに手当たり次第、必ずと言っていいほどアリバイを聞いて回るシーンがあるのは、心得に忠実だからである。

したがって、我々も「警察官を見たら、疑われていると思え」と心するべきである。

それにしても、人を片っ端から疑ってかかることが許される職業のどこが因果な商売なものか。これを特権と言わずして、何と言おう。

「直木《ちょくぼく》、まず伐《き》られ、甘井《かんせい》、まず竭《つ》く」——才能ある人間から、先にダメになる、という意味で使われる。

これを如実に証明したのが、屋久杉である。現在も立っている木は、直木ではなかったから、伐られるのを免れたものである。つまり、建材としては加工するのがむずかしくて、使い物にはならなかったのだ。

プロ野球の世界でも、中継ぎや抑えの投手は、抑えているときは重宝され、こき使われるが、打たれ出して役に立たなくなったとわかるや、非情にも用済みとしてクビが宣告される。いかなる才能の持ち主も、枯れてしまうと一般人となるわけで、これは、才能ある人にはとても耐えられないことであろう。

実際、どれほどの木が伐られ、また井戸が涸渇させられたか。これは、炭坑や油田にも当てはまる。

「千里の道も、一歩から」——当たり前と言えば、当たり前の句である。それがなぜ言い続けられてきたかと言うと、一歩を踏み出さない人間が多かったからに他ならない。

千里と言えば、ざっと四千キロ。ゆうに、シルクロードを旅する距離である。よほどの物好きでないかぎり、千里の道を行こうとする者はいない。たとえいたとしても、ほとんどが途中で挫折するのはまちがいなく、千里の旅路の果てにまでたどり着けるのは、ごくごくわずかであろう。とにかく、命懸けなのだ。

したがって、第一歩を踏み出すことがいかにむずかしいか。

＊

千里の道を、大河小説に置き換えると、わかりやすくなる。

短編は、何げに読めるが、大河となると、腰を据え、相当な覚悟をもって挑まなければならない。が、結局、何やかやと理由をつけて敬遠してしまう。

それでも、その気になって読み始めたはいいが、その深さ、そして何よりそのあまりの冗漫さに辟易して、途中で投げ出す羽目となる。

つまり、千里の道は、とてつもなく長いのである。

言うなれば、短い人生を、そんな千里の道踏破という目標に賭けることができるかどうか、それが問題なのである。

少しでも楽をして生きていきたい、というのが、人間の本性なのだから。

（＊中国の里という説もあるが、日本の里とした）


「無理を通せば、道理が引っ込む」——そうかもしれないが、それはあくまで一時のことである、と承知しておく必要がある。

なぜなら、無理を長く押し通すことはできないし、そもそも道理がいつまでも温和しく引っ込んでいるはずがないからである。

したがって、無理を通すときは、必ずその反動が、どっと押し寄せることを覚悟しなければばならない。それも、倍返しはいい方で、もしかすると十倍返しかもしれない。

つまり、これは、無茶苦茶な句である、と言える。

ところで、道理を引っ込まさなければならないほどの無理とは、いったいどういうものを言うのか、よくわからない。

また、そんなにまでして無理を通さなければならないというのは、よほどの事情があったからだ、と考えられる。

つまり、この句からは、そんな重大なことが欠落しているのである。問題なのは、なぜそうしなければならなかったか、であるはずだから。

「禍福は、あざなえる縄のごとし」――つまり、禍と福は一心同体、紙の表裏、という意味なわけで、生きているかぎり、禍からのがれることはできない、ということである。

「バカのひとつ覚え」――バカだから、ひとつしか覚えられないのではなく、ひとつのことを後生大事に覚えているのが、バカなことなのである。

その典型が、日本海軍であった。

とにかく、何が何でも艦隊決戦によってアメリカ艦隊を全部沈めるのだ、という日本海海戦方式で太平洋戦争を戦ったわけであるから。

そのため、南方の島々へ兵士や物資を運ぶ輸送船の護衛、あるいは敵の商船に対する通商破壊など、艦隊決戦構想からはずれたことはほとんどやらなかったし、やろうともしなかったのである。

そして、海軍が自分のおバカに気づいたときは、すでに燃料の重油は乏しく、動ける軍艦も数えるくらいしか残っていなかった。まさに「ないが意見の総じまい」であった。

　つまり、太平洋戦争の敗因の第一は、アメリカ軍の物量だったのではなく、日本海軍がバカだったからに他ならない。

バカが勝てる戦争はない。あるとしたら、自分以上のバカを相手にしたときだけである。日露戦争のロシア海軍がまさにそうであった。でなければ、日本海海戦の完全勝利は、説明がつかない。


「好事、魔多し」――順調にいっているときほど、思わぬ落とし穴がある、という意味。

べつに、順調でないときも、けっこう障害は起こるものだが、それを好事にかぎったのは、その落差が半端でないからである。平地から地獄へ落とされるのと、天国から地獄に突き落とされるのとでは、それこそ天と地の開きがある。

要は、絶好調は長く続くものではない、ということである。

＊

相手に罠をかける場合、まず好事を演出してやり、いい気持ちにさせて、警戒心を解く、というのが、常套手段である。

だから、物事が信じられないくらいうまくいったとき、これはおかしいぞ、と用心するべきなのである。

例えば、御主人が急にやさしくなって、高価な物を買ってくれたりしたときや、日頃もてない男に、美女が親しく声をかけてきたり、まったく自分を評価していない上司が、突然やさしく接してきたとき、などである。

つまり、ありえないこと、想像もできないことが起こったなら、必ず裏が、それも良からぬたくらみがある、と心得るべきである。

なぜなら、それは、悪魔のささやきに他ならず、好事とは作られたものであって、そこには、必ず魔物が棲んでいるのであるから。

「類は、友を呼ぶ」――似た者同士が集まって群れる、という意味。

つまり、同じレベルの友だちはいても、それ以上の友だちはできない、ということである。

そして、やたらと群れたがるのは、昔から、めだかだと相場が決まっている。

*

これは何も、友だちにかぎったことではない。夫婦にも言えることである。

ささいなことですぐケンカする夫婦は、お互いその程度の低いレベルの人間同士だからであり、言わば、目くそ鼻くそが同居しているのだから、ケンカにならない方がおかしいのだ。

「かわいい子には、旅をさせよ」――旅は、英語でトラベル。その語源は、トラブル。つまり、かわいい子には、苦労をさせよ、という意味である。

だが、本当にかわいい子なら、わざわざ苦労するようなことをさせないのが、親である。

「苦労は、買ってでもしろ」と言うが、そのことで、かえって人間がねじ曲がったり、とがったりしないともかぎらないわけで、苦労しなくとも、まっとうな人間でいればそれでいいのである。

と言うのも、苦労は、頼まなくても勝手に向こうから遠慮容赦なくやってくるものだからである。それを、何が嬉しくて、買ってまで苦労をしなければならないのだ。

苦労しないと、人間がダメになる、と昔の人はみな一様に言った。もしそうだとするならば、ダメ人間はみな苦労していないことになる。

だが、ダメな人間は苦労しようがダメなものだし、立派な人間は、苦労しなくても立派である。

つまり、苦労の有無と人間の良し悪しや出来不出来に、言われるほどの相関関係はない。人間の資質は、多くは本人の自覚による。

「高嶺の花」――手の届かない花のことである。よく、上流階級のお嬢様にたとえられる。これは、まことにうまいたとえと言うことができる。

なぜなら、高嶺に咲く花は、平地では咲かないからである。

つまり、平地の者が、万が一に手にできたとしても、すぐ枯らしてしまうのだ。

したがって、高嶺の花を手に入れたいならば、高嶺に住まなければならない。

高い所は平地と違って空気（人情）が薄いから、平地の者にとっては厳しい環境なわけである。また、その覚悟がなければ、手に取ることはできない。

しかしながら、はたして、高い所でしか生きられないという希少価値しかないただそれだけの花を、そうまでして手にするだけの価値があるのだろうか。

なぜ、平地に咲く多くの可憐な花々ではいけないのか。


「寄らば、大樹の陰」——自分一人の身を陽光からさえぎるのに、何も大樹である必要はない。小さな木でも、葉が生い茂っていれば、それで十分なのである。

何でもかんでも大きければいい、というものではない。はっきり言って、ムダが多過ぎる。

大豪邸にたった一人で住んでいるようなものである。

なのに、その方がいい、という料簡がわからない。

言うならば、アホな句である。


「ひいきのひき倒し」——ひいきをし過ぎて、そのためにかえって迷惑をかけることになった、という意味。

ひいきとは、特別扱いのことである。

つまり、ひいきしないと立っていられないものは、しすぎても立っていられない、ということである。

早い話、水をやらないとすぐ枯れる花は、やり過ぎても水枯れするという、まことに弱い花なのである。

したがって、ひいきとは、してもしなくても同じことなのである。

「おごる平家は、久しからず」――べつだん、おごったから、平家が滅びたわけではない。

さまざまな負の要因が重なって、最後は、日本史上屈指の天才武将、源義経によって、トドメを刺されたのである。

したがって、これは、原因と結果を単純化しただけの、安っぽい句である。

＊

ならば、もう一方の源氏はどうなったかと言うと、こちらもあっけなくたった三代で滅んだのである。

つまり、おごろうがおごるまいが、滅ぶときは滅ぶのである。

＊

おごるというのは、ある意味、愚か、と同義語である。

そう、愚かになれば、人間は誰しも自滅するものである。

それにしては、平家はよくがんばった方である。

滅びた最大の要因は、平家に、源義経や源義仲に相当する人材がいなかったことに尽きる。


「二階から、目薬」――そもそも、目薬は自分で自分の目にさすものであって、他人からさしてもらうものではない。したがって、この句は、ありえないし、意味不明なのである。

（これができるのはただ一人、アニメ「ワンピース」の主人公、ルフィだけである）

なぜ、他人から目薬をさしてもらわなければならないのか、その理由が不明であるのに、その上、二階からさしてもらうなど、話にもならない。

つまり、これは、もどかしいとか効き目がないとかの意味ではなく、不可能かアホな句なのである。

つまり、この句の地獄とは、本当の地獄ではないのである。もし、いたとするならば、そこは地獄ではないことになる。

したがって、「地獄のようなところで仏にあえた運の良さ」と言い換えるべきである。

「地獄で、仏《ほとけ》」――地獄に仏がいるわけがない。

＊

最高のありがたみのことである。

なぜなら、極楽で仏にあっても、ありがたみを感じるかと言えば、それはありえないからだ。

要するに、人は、困ったときにしか、ありがたみを感じないものなのである。

＊

地獄に仏がいるはずがないのに、まるで仏がいたかのように感じるのは、地獄では、ほんのささいな好意や親切にも仏心を感じる、ということなのである。

極悪人とただの悪人とを並べて見た場合、ただの悪人が、善人ならぬ仏様のように見えるみたいなものである。

要は、比較の問題なのである。

「去る者は、日々にうとし」——これは、友だちや知人ではなく、実の子についてのことである。

遠くへ行ってしまった子は、もう子ではない、という切ない親の心情を言い表した句なのである。

我が子でさえそうなのだから、まして他人をや、である。

＊

続けて「去らぬ者は、日々にうっとうしい」の句がくる。

去らぬ者も、やはり自分の子である。

どう違うかと言えば、去る子は自慢の子で、去らぬ子はダメな子なわけである。

なぜ、自慢の子が去るかと言うと、有能だからである。普通レベルの親と一緒にいても仕方がないからである。

逆に、ダメな子は親の庇護のもとでないと生きていけないから、去ることなど絶対ありえないのである。

そんなダメな子だからこそ、親にとって、うっとうしいわけである。

つまり、出来た自慢の子は、親を無視し、出来の悪い子はいつまでも親ベッタリ、ということである。

＊

世の中は皮肉なもので、結果として、自慢の子は両親の面倒をいっさい見ず、ダメな子の方がかえって両親の世話をする、という構図となる。

すなわち、親にとって自慢の子という存在は、遺産を相続する以外、まったくの他人というわけである。


「バカは死ななければ、治らない」――これは、ただのバカのことを言ったのではなく、自分の考えを絶対だと信じて、まったく疑っていない者のことである。

つまり、バカとは、傲慢、傲岸不遜な人間のことに他ならない。

そして、死ぬことによって、ようやく絶対でなくなるわけである。


「宝の持ち腐れ」――宝は持っているだけでは、何の意味もない。才能と同じで、使われてこその宝なのである。

しかしながら、人は自分の持っている宝に気がついていない。そして、気がつかないまま、宝を腐らせて生涯を終える。

大事なことは、自分はどんな宝を持っているか、見つけだすことである。必ず何かを持っているはずなのだから。

なぜなら、それを生かすために、人は生まれてきたのだから。

一般人とそうでない人との決定的な違いこそは、宝を見つけたかどうかなのである。

＊

宝がそれを持った人間を腐らせるのか、それとも、腐った人間が宝を持つことによって、腐らせるのか、何とも言えない。

「前車の覆《くつがえ》るのは、後車の戒《いまし》め」——必ずしも、そうとはかぎらない。と言うのも、前車が覆ったのは、下手で、バカだったからだ、と推測する後車の人間もいるはずだからである。

おれは、そんな下手ではないし、愚かではない、と。

こうなると、この句は成立しないことになる。

つまり、この句が成立するのは、後車の人間次第なのである。

世間には、他人の失敗をあざ笑う者もいれば、自分への戒めとする者もいる。

なぜ、同じような事故や事件が続発するかと言えば、戒めとしない人間がいるからに他ならない。

したがって、この句は、「他人の失敗は、自分も起こす失敗と受けとめよ」と改変すべきである。

「木を見て、森を見ず」——小さなことにこだわる者は、全体のことがわからない、という意味。

ならば、森を見れば、木を見ないでもいいのか。森の中に入って、どんな木があるのか見なくても、それでも森を見たということになるのか。

そうではあるまい。小さなことがわからなければ、全体のこともわかるはずがないのだ。

なぜなら、木一本一本の大きな集合体が森であり、木あっての森なのだから。

それをこの句は、木など、どうでもいいと言い切っている。まるで国全体を見ていれば、国民一人一人のことなど、見る必要はない、と言っているかのようである。

＊

これはむしろ、「森を見て、木を見ず」とした方がいいのではないか。

森を見渡しただけで、どういう森なのか、わかるわけがない。やはり、森の中に分け入って、どうなっているか見なければ、森を知ることはできない。

何でもかんでも、大所高所から見ればいいというものではないのである。

「下手《へた》の考え、休むに似たり」——結果としては、その通りである。

だが、下手だろうが上手《じょうず》だろうが、考えることにどんな差があろうか。

上手も初めは下手だったのだ。それが、試行錯誤の末、または下手なりに、考えに考えたことによって、上手になったものである。

それを、下手というだけで、その考えは、考えないのと同じである、と決めつけるのは、横暴以外の何物でもない。

すなわち、どんなことでも、何もしないより、たとえしただけムダに終わったとしても、やった方がはるかにいいのである。

そう、「蒔《ま》かぬ種は、生えない」のだから。

したがって、これは「下手でも考えることは、大いにけっこう」と変えるべきである。

「ないが意見の総じまい」――終戦間際の日本のことだとすると、わかりいい。

口では本土決戦、一億総特攻と言っていたものの、実情はそれどころではなかった。とにかく、武器がなかった。いや、あると言えば、あった。何かと言うと、それは竹槍なのである。

これは、笑い話ではない。真面目な、本当の話なのである。

実際に、これでアメリカ軍と本土決戦するつもりだったのだ。まさに一億総特攻となっていたのはまちがいない。つまり、ただのスローガンではなかったわけで、これを、有言実行と言わずして、何と言おうか。

恐るべきは、日本軍である。

＊

「腹が減っては、戦《いくさ》はできぬ」という。

武器のあるなしはともかくも、戦の基本中の基本であるその食糧もなかったのである。言うなれば、一億総特攻ならぬ一億総飢餓の危機的状況にあったのだ。

したがって、この句の通りに、昭和二十年八月十五日に終戦となったのである。

＊

「必勝の信念」とか「気持ちで負けるな」など、現在でもときどき耳のする言葉である。

そんなことくらいで勝ったり、成功することができるのなら、誰も苦労はしない。

信念や気持ちというものは、やるべきことをやった上で、その後からついてくるものであり、たいした根拠もない信念や気持ちは、ただの空念仏にすぎない。

では、なぜ、そういうことが言われるのか。

それは、勝利や成功のための基本条件が決定的に欠けているからに他ならない。つまり、それらを、信念や気持ちで補おうとする悪あがきなのである。

極端な話、たとえ腹が減っても、精神力でカバーする、というように。

かつての日本軍は、秀吉の兵糧攻めから、まったく何も学んでいなかったことが、先の戦争で、いやというほど思い知らされた。

生き物は、食えなかったら餓死する、ということすら日本軍は認識していなかったのだ。

したがって、やたらと信念や気持ちが強調されるのは、ただ単に、物がないか技量が劣るか、ということの裏返しにすぎないのである。

二章　動物編

「窮鼠《きゅうそ》、猫をかむ」——それこそが、太平洋戦争での日本軍だった。

真珠湾攻撃、マレー沖海戦、シンガポール陥落など、何度もかみついたものである。

でもって、どうなったかと言うと、未曽有の敗戦であった。

早い話、何度も力一杯かんだはよかったが、そのお礼に、十倍返しくらいのことでは済まない、原爆投下という、百倍以上返しをされたのだ。

つまり、この句は、「茶腹も一時」と同義と言うことができる。

＊

日露戦争もまた、この句の通りであったが、みごとに勝ったではなかったか。

いや、そうではない。あのときは、対米戦直前ほど、窮してはいなかった。

と言うのも、ロシア皇帝は、日露戦争は起こらない、なぜなら余が欲していないからだ、と口にしていたのである。

ところが、太平洋戦争は、まったく事情が違っていた。

ドイツ軍によって窮地に立たされていたイギリスとソ連が、そして日本軍に追いつめられていた中国が、それぞれアメリカの参戦を熱望いや、渇望していたからである。

つまり、英ソ中三国は、日米和平には絶対反対の立場であったから、これを阻止することに全力を尽くしたのである。

その結果、日本の対応のまずさもあって、アメリカが日本に「ハルノート」を突きつけたのは、当然のことであった。それでも、英ソ中三国は気が気ではなかったはずで、万が一、日本がそれを受け入れたとしたら、それはある意味、三国の破滅を意味するわけなのだから。

当時の日本は、自分のことしか頭になかった。このとき「負けるが勝ち」、あるいは、三国干渉後の「ガシンショウタン」の再現で、「ハルノート」を受け入れていたら、英ソ中三国は、ずい分と困った事態に陥ったのはまちがいない。「ハルノート」を受け取った日本とは比較にならないほど、この三国は、絶体絶命の状況に追い込まれていたわけだから。

日本は、日本だけがひどい目にあっているという被害妄想が異常に強かった。

だが、イギリス、ソ連、中国に比べたら、そんなことはないも同じだった。

このように、対米戦直前の日本は、確かに窮してはいたが、国際的観点から見ても、猫にかみつかなければ殺される寸前にまでは追いつめられてはいなかったのである。

三国干渉のときは、売られたケンカを買うだけの自信はなかった。が、対米戦直前は、なまじその自信が少しはあったものだから、つい買ってしまったわけである。その担保となったのが、すなわち、近々完成する予定の戦艦大和と武蔵である。

負けるとわかっていても、飛車を二枚も手にして、対米戦はできません、とは海軍もなかなか言えないわけである。

もし、二枚の飛車を持つことがなかったならば、はたして日本は、いや海軍は、それでも戦争に突入しただろうか。

幕末、官軍との交渉に、長岡藩の家老、河井継之助が強気でのぞむことができたのは、当時の最強兵器であるガトリング砲二門の存在を抜きにしては語れない。

どうも日本人は、何かあると、自らを窮鼠にたとえるクセがあるようだ。なぜかと言えば、猫をかむことに正当な理由づけができるからである。所謂、やむをえなかったのだ、と。

したがって、この句は、自分の正当性を主張するための言い訳として作られたものである、と言うことができる。


「馬の耳に念仏」——そもそも、馬に念仏を聞かせる坊さんがいるか。

そうではない。聞く耳を持たないか、何を言っても理解できない者を馬にたとえた句であるから、成立したのである。

したがって、同義の「猫に小判」とは、かなり違った句である。

猫はそのまま本当の猫であるから、たいして深い意味はないが、この句はそうではない。

つまり、馬ではなく、馬とわからずに念仏を唱えた坊さんの方に問題があるのだ。

修業を積んで、ある程度ものわかった坊さんでも、馬のような人間とわからずに、普通の人間と同じように念仏を唱えているわけなのだから。

言うなれば、これは、馬のような人間を見究めよ、という句なのである。

要は、「人を見て法を説け」であり、人を見る目を養え、という意味なのである。

＊

念仏はありがたいものだ、というのが前提としてある句である。

ところで、念仏を聞いてどれだけの人がそのありがたみを感得できるだろうか。

と言うか、念仏を唱える坊さん自身、そのありがたみが実感できているのだろうか。

そういうことを考えると、「猫に小判」よりも、相当に奥が深い句であると言えるのではないか。

＊

「角《つの》を矯《た》めて、牛を殺す」――ちょっとしたことが原因で、すべてを失う、という意味。言わば、元も子もなくす愚かな行為のことである。

＊

これは、親子関係のことである。まったく理解のない親によって、どれだけ多くの子供の才能がダメにされたことか。

＊

そもそも、牛の角は、どうにかしようとしても、どうにかできるものではない。

それを無理に矯めようとすれば、牛の首の骨を折るほどの力を入れなければならず、結果、殺すことになるのは、自明のことである。

だが、いくら何でも、そこまではしないし、できない。と言うのも、牛はこのままでは死ぬかもしれないと、悲鳴をあげるからである。

それでもなお力を入れて角をどうにかしようとする者はいないはずである。

したがって、これは、現実にはありえない句である、と言うことができる。

＊

牛が牛であるのは、その角ではなく、出してくれるお乳とその肉によってである。

つまり、おいしいお乳をたくさん出し肉を提供してくれさえすれば、角がどんなことになっていようが、はっきり言ってどうでもいいわけで、何の問題もないのである。

なのに、なぜ角にこだわらなければならなかったのか、その説明がなされていない。

言うなれば、アホな人間のすることに、何の意味もなく、ただ最悪の結果をもたらすだけである、ということなのか。


「能ある鷹は、爪を隠す」――そんなアホな。なぜなら、爪を隠そうが隠すまいが、襲われる小鳥たちにとってみれば、鷹は鷹なのである。爪のあるなしではなく、鷹であることが問題なのだから。

それに、小鳥たちは、一目鷹を見つけたならば、すぐ逃げ出さなければ捕えられるわけで、爪まで見究める余裕などないはずである。

つまり、鷹に爪があるかどうかより、まず逃げるのが先決なのだ。

そして、鷹が本当に能があるのならば、爪などではなく、鷹であることを隠して小鳥たちに近づくはずである。

爪を隠すなんてことは「頭隠して、尻隠さず」と同じ行為であって、そのことを能があると評した人間に、能がなかったと言わなければならない。

したがって、これは、本人は能があるつもりであっても、本当は無能であることを証明した句なのである。


「井の中の蛙、大海知らず」——蛙は、海で生きていけないわけで、海を知っていようがいまいが、どうでもよいことである。

そもそも、海を、それも大きな海を知っている、ということは、そんなにいいことなのか。すごいことなのか。それでもって、大海の存在を知らないのは、不幸なことであり、愚かなことなのか。

アメリカ大陸の存在を知らなかった当時の人間は、不幸でも愚かでもなかった。

世の中に、世間通とか事情通と言われる人たちがいる。が、彼らは、人間的に尊敬される人種でないことは、確かなようである。

つまり、大海を知ってすれっからしになるよりは、知らなくとも、まっとうであれば、それでいいのである。

知ってもたいして意味のないことを知ったからといって、それで偉くなるわけでも、頭がよくなるわけでもないのである。

生きていく上で、支障がないことは、無理に知ることもない。それに、自分にとって、大海よりも、もっと知らなければならない重要なことが、他にたくさんあることを忘れてはならない。

「腐っても、鯛《たい》」――「急がば回れ」「負けるが勝ち」のように、正反対のことがうまくひとつになって、成句となっている、言わば、ひねくれた句である。

これは、かつては地位も名誉もあったが、今は落ちぶれて見る影もなくなった人が、自分で自分を慰めた句である。つまり、プライドまでも失っていないぞ、という精一杯の強がりの句でもある。

確かに、鯛は、日本では高級魚であるが、腐って食べられなくなったら、捨てられる運命にある。にもかかわらず、鰯《いわし》や鯖《さば》などの一般大衆魚とは違うぞ、とまったく意味のないことを主張しているにすぎない。まるで引かれ者の小唄である。

食べられてナンボのものは、食えなければ、ないと同じである。

「腐っても、鯛」としたから、落ちぶれてもすごい人、という誤った印象を与えたのである。そうではなく、「鯛も腐れば、ゴミとなる」と変えるべきだったのだ。「キリンも老いれば、ド馬に劣る」風に。

現実とは、そういうものである。昔ではなく、現在であり、さらに未来なのである。

誰が腐った鯛をありがたるか。せいぜい、腹をすかした犬や猫くらいではないか。

「二兎を追う者は、一兎も得ず」――これは、うさぎは捕えるのが無茶苦茶むずかしい動物である、ということが完全に欠落した句である。

なのに、同時に二兎を追うなどとは、うさぎをなめているとしか、考えられない。

これが、うさぎではなく、にわとりだったら納得もできるが。

ともかく、うさぎは、一兎を追っても、捕えられない動物であり、それが二兎となると絶対不可能なことである。

＊

これは、一兎であれば比較的楽に捕えられる、ということが前提となって成立した句である。したがって、前提からまちがっている、とんでもない句なわけである。

そもそも、うさぎは罠を仕掛けて捕える動物である。なぜなら、追いかけても捕えることはできないから。それくらい走るのが早い。そんなことは誰でも知っているはずであるのに、あえて、うさぎをもってきたのは、それだけ、貴重だったからである。現在でも、うさぎの毛や皮を使った衣類が売られている。

本来、肉食獣は、草食動物の群れの中から、子供や体が弱っていたり、年老いた動きの遅いものを目ざとく見つけ出し、その一頭に狙いを定めてハンティングをする。決して、複数の獲物を同時に襲うことはしない。それが、ハンティングの基本である。

つまり、これは、野生動物ではありえない行動なわけである。

では、なぜ、この句が人の世で堂々とまかり通っているかと言えば、たとえ一兎も得られなくとも、肉食獣のように生死に直結しないからであると同時に、あわよくば一石二鳥という、楽して大きな成果を得ようとする下心があるからである。

だから、人は、二兎を追い続けるのだ。

したがって、そんな不可能なうまい話に飛びついて、結果だまされる人間が、後を絶たないのである。

どうせなら、不可能な実利ではなく、夢を追いかければいいのに……。


「獅子は、兎を捕えるのにも、全力を尽くす」——そんなわけがない。と言うのも、ライオンの食事のだいたい四分の三は、他の肉食獣の獲物を横取りしたものだからである。

そんなに苦労しないで甘い汁を吸っているライオンが、うさぎごとき小さな動物を全力でハンティングするはずがないではないか。

ライオンも人間と同じで、出来れば楽して生きていたいのだから、こんな効率の悪いことは、する以前の問題であると言える。

もし、そういうことがあったとして、捕えられなかったなら、こんな労力のムダはなく、またうまく捕えたとしても、それに要した消費カロリー以上の栄養をうさぎのような小動物から摂取することはできない。

したがって、この句は「兎ごときを捕えるのに全力を尽くすアホな獅子」と変えるべきなのである。

＊

ありえない。なぜなら、同じ全力を出すのなら、小動物ではなく、大きな獲物に向かうのが自然だからである。

それを、何が楽しくて、うさぎごときを狙わなければならないのだ。それも、全力を出してまで。

ライオンは群れで生活しているわけで、うさぎでは群れ全体の腹を満たせない。

したがって、うさぎを捕えるのに全力を出すよりも、何もしないで寝ていた方が、よっぽどいいのだ。「下手の考え、休むに似たり」のように、うさぎを捕えるのは、下手な考えと同じなのである。

つまり、何事も、全力を出せばいいというものではないのだ。早い話、まったく意味のない句なのである。

＊

今まで、ライオンが兎を捕えようと全力を出している映像を一度も見たことがない。

また、アフリカのサバンナで、野うさぎが生息しているのを、見た記憶もない。

すなわち、めったに起こらない出来事が、堂々とことわざになっていること自体、そこに大きな作為があったことを示唆している。


「獅子は、我が子を千仞《せんじん》の谷に突き落とす」――アフリカのサバンナに、千仞の谷がどのくらいあるのか。すべてのライオンはみんな千仞の谷に突き落とされた経験があるのか。

一口に千仞の谷と簡単に言うが、大人のライオンでさえ、そこからはい上がるのは至難のことではないか。まして、ライオンの子どもであれば、生還できるかどうかもあやしい。

そうまでして谷底に突き落とさなければならないちゃんとした理由が、ライオンにあるはずがない。

なぜなら、肉食獣にとってもっとも重要なことは、千仞の谷からはい上がってくるだけの根性や精神力などではなく、足の速さと狩りの技術なのだから。これさえあれば、たった一頭となっても、何とか食って生きていける。

逆に、なかったなら、いくら根性や精神力があったとしても、食うのには、何の足しにもならない。

そもそも、ライオンに根性や強い精神力は必要ない。だって、ライオンなのだから。

したがって、これは、ライオンは偉い、と勝手に思い込んだ句にすぎない。

＊

突き落とし、はい上がってきた子どもを後継者とする、と続く句である。

もしそうであれば、千仞の谷は、はい上がれずに死んでいったライオンの子どもたちの死骸だらけ、ということになる。

また、百獣の王ライオンの後継者を決める選考基準が、谷底からはい上がればいい、というのもおかしなことである。

リーダーシップ、頭の良さ、獲物を素早く見つける嗅覚の鋭さ、足の速さ、などは、どうでもいいのか。むしろ、こちらの方が、百獣の王の資質にふさわしいのではないか。

早い話、これは、アホが作った以外の何物でもないことが一目瞭然の句なのである。

＊

獅子に仮託したことわざは、このように、嘘八百以上なのである。それも、見て来たような句ばかりである。

つまり、ライオンが登場する句は、ある目的をもって作られた絵空事ばかりなのである。それは、獅子のように強くたくましく立派であれ、ということに他ならない。

その結果、獅子を美化し、絶対化した句が多く作り出されたのである。

早い話、人間としてあるべき理想像として、野生動物の中でもっとも見栄えのいい獅子が選ばれたわけである。

見た目、獅子ほど、王者の風格に満ちあふれた動物はいない。が、所詮、見た目からだけの想像で作られた句である。

もし、本当にこの句どおりの立派な存在であったのならば、地球は進化した猿の惑星ではなく、獅子の惑星となっていたはずではないか。

＊

つまり、獅子に関する句は、すべて「ひいきのひき倒し」ばかりであると言っても過言ではない。

そもそも、風格や威厳というのは、多くは演出されたものであり、ただの見てくれ、見た目にすぎない。

たまたま、獅子の存在がそのものずばりだったがゆえに、人間に優る資質を持つ動物に仕立て上げられただけなのである。

所詮、偉さの半分は、ライオンのように見た目であり、ハッタリにすぎないのである。

「捕らぬ狸の、皮算用」——まだ何もしていないうちから、狸がどれくらい捕れて、そしてその皮がいくらで売れるか、勘定しているという意味である。

この場合、勘定しているのではなく、ひとりで勝手に想像して悦に入っている、と言う方がよりわかりやすい。

世の中、何が楽しいと言って、出来るかどうか、実現するかどうかもわからないことに、いろいろと思いをめぐらすことくらい楽しいものはない。

現実の重みや厳しさを否応なく受け入れるより、想像の翼を大きく広げて、さまざまなことを自由に考える。人は、それを現実逃避、現実遊離と言う。だが、これこそが動物の中で唯一、人間に与えられた特権なのである。

せっかくもらった特権である。使わなかったら、「宝の持ち腐れ」となるし、バチが当たる。「逃げるが、勝ち」とも言うではないか。


「**猫を追うより、魚をのけよ**」——世の中に起こる事件の多くは、こうすることで解決できる、と言っても過言ではない。

実際、魚があるから、猫がそれを狙ってやってくるわけで、魚がなければ、猫は来ない。ともかく、原因となるものを取り除けば、問題や事件が起きることはないのだ。

だが、たとえ魚をのけても、魚のあるところ、猫は必ず現れる。言わば、いたちごっこ。だったら、魚をのけるより、食っちまった方が、のける手間もいらず、猫の心配もしないですむ。

つまり、魚をのけるだけでは、問題の解決とはならないのであり、それでは単なる、先送りでしかなく、存在そのものを消さなければ、本当に問題の解決とはならないのだ。

ただ、魚は食うことができるが、食えないものはどうすればいいのか、という問題が出てくる。それが、この句の弱点であって、世の中のさまざまな事件が容易に解決できない原因ともなっている。

したがって、これは、一時しのぎの解決策にすぎず、それほど良い句ではない。

＊

魚にたかるのは、何も猫だけではない。ハエもどこからか大量に涌《わ》いて集まってくる。こうなると、猫にだけかまってはいられなくなる。要は、悩みの種は尽きない、ということなのだ。

したがって、これには、物事はそう簡単に解決しないものだ、という逆の意味もある、と知るべきである。

早い話、この句は、「猫を追うより、またハエを追い払うより、早いとこ食ってしまえ」と変えるべきなのである。


「飛んで火に入る、夏の虫」――これは、夏の虫の自殺行為のことではなく、その習性のことを言ったものである。

虫は明るい光に誘われて集まり群れるが、中には勢い余って火に飛び込んで焼け死ぬ虫もいたわけで、そのことを愚かさの最たるものとして句にしたのがこれである。

確かにその通りだが、ならば、欲という火に自分の意志で飛び込む人間と、どれほどの差があると言うのか。

つまり、何かに魅入られてそれにのめり込んだ生き物は、滅ぶ運命にある、ということである。

したがって、これは愚かな行為とは違うのである。

なぜなら、これを愚かとみなせば、世の中はすべて愚かな行為となってしまうのだから。

＊

わざわざ、よりにもよって、ダメ男と結婚する女性のことである。

なぜ、ダメな相手と一緒になるかと言えば、自分がこの人を立派にしてみせる、私が支え続けて、一人前の男に仕立て上げる、私がそばにいなければ、もっとダメになる、または、単なる母性愛、といったある意味、自己満足のためである。

そもそも、女性が何か手助けしないと、何もできない男は、どんなに一生懸命尽くしても、ダメなのである。

と言うか、そんな男に惚れるということ自体が、どうかしていると言わなければならない。

ズバリ、飛んで火に入る夏の虫なわけである。

その根底にあるのは、ダメ男を立派にした妻の鑑《かがみ》、などと賞賛されたいから、としか他に考えられない。

「立つ鳥、跡を濁さず」――ある動物学者によると、水鳥は、けっこう跡を濁して飛び立っている、という。

言うなれば、これは、水鳥の生態のことなのではなく、人間への戒めの句なのである。戒めなければならないというのは、跡を濁す輩《やから》が多くいたからに他ならず、水鳥さえ濁さずに飛び立つのに、人間として恥ずかしくはないのか、という言外の意味が、この句には込められている。

つまり、「跡は野となれ、山となれ」、「旅の恥は、かき捨て」なんてことは絶対にするな、ということなのである。

ところで、歴史は、やりたい放題のことをやって、後始末をすべて次世代に先送った連中が作ってきたものである。

だから、歴史は繰り返してきたのである。

したがって、これは、「立つ鳥、必ずしも跡を濁さないとはかぎらない」とした方がいい句である。

「鵜《う》の真似をする烏《からす》」——才能がないのだから、それを真似しても決してできない、という意味。

だが、「鹿も四つ足なら、馬も四つ足」と言って、鹿が駆け下った崖道を馬で駆け下って、大勝利した合戦があった。

したがって、たとえ才能がなくとも、何とかがんばったり、工夫したりして、水に潜れるようになれば、烏でも水中で魚を獲ることも、決して不可能なことでないのではないか。

そもそも、鵜にできて、なぜ烏にできないと断言できるのか。これではまるで、才能がなければ、どんなに努力しても絶対にできない、と情け容赦なく突き放した句ではないか。そんなことよりも、鵜の真似をしようとすること自体が、偉い。ヤル気があり、チャレンジ精神にあふれているわけだから。

それに、初めは誰もが初心者であって、真似するところから始まるのである。にもかかわらず、そのことを頭から否定し、ダメ出しするとは、どういう料簡なのか。

「ダメ元」という言葉もある。

烏が納得するまでやらせたらいいのだ。それでもやっぱりダメだったとしても、その姿勢と情熱は、大いに賞賛されるべきである。

いったい真似をすることの、何が悪いのか。あの天才画家ラファエロでさえ、ダ・ビンチやミケランジェロの絵を模写したのだ。

であるからして、この句は「鵜の真似をする烏は、偉い」と変えるべきなのである。


「豚もおだてりゃ、木に登る」——これは、あるアニメの決まり文句であった。

つまり、豚でさえおだてると、ついその気になって、絶対不可能な木に登ることができるのだから、まして人間にできないことはない、という少々飛躍した意味である。

「おだて」は、「巧言令色」とは違う。

とにかく、どんなささいな、取るに足りないことでも、持ち上げ、ほめ上げ、絶賛、激賞するのである。

人間は本来、賞賛されることに飢えている。であればこそ、おだてられたら、木に登るどころか、天にまで昇ってしまいそうな気になるのである。

くだらないことに対しても、いやあ、すごい、あんなこと、なかなかできるものではない。それをいとも簡単にやれるとは、たいしたものだ。いやはや、恐れ入りました、などと言われて、誰も悪い気はしない。

と言うより、まだほめてもらいたい、という更なる欲求が生まれる。

言うなれば、これは人間心理を突いた句である。豚でさえ木に登ろうとするのだから、ダメ人間でも、おだて上げれば、それこそエベレストにさえ登る気になるだろう。

したがって、この句は、人を使う基本中の基本なのである。

無能な者も、とにかくほめておだてれば、そこそこの仕事はやるはずである。なぜなら、もっとほめられたいから。

本当にダメで無能な者は、無理して持ち上げたり、ほめ上げたりしても、微動だにしない人間のことである。動かざること、山のごとき人間のことである。


「馬を得て、鞍を失う」——ある物を得た場合、必ず失う物がある、という意味。

たとえば、出世したはいいが、その分、責任が重くなって自由な時間が減り、お気楽にやっていけなくなった、みたいな。

「文武両道」という句がある。そして、これを標榜している学校がある。つまり、勉強もスポーツも両方共できる生徒ばかりいるエリート校なのだぞ、と言わんばかりである。

それにしては、東大や京大出身の名スポーツ選手が出ていないのは、どういうことか。

言うなれば、「文武両道」とはあくまで願望なのであって、現実はそううまくはいかないものである。

さて、この句である。言うなれば、何かを犠牲にしないと、欲しい物は手に入れることはできない、ということである。また、それが、O・ヘンリーの短編「賢者の贈り物」のように、ある意味、皮肉な結果となることもあるわけなのだ。

ある人が、こんなことを言った。

「青春を犠牲にすることで、青春の歌を歌った」

＊

「人魚姫」が、まさにこれである。足を得るために、きれいな声を失ったのだ。

そしてラストで、人魚姫は、王子を殺して自分が生きるより、王子のために、自らの命を犠牲にしたのである。

これこそが、究極の愛である。相手に何かを求めるのではなく、相手のために自分を捧げる。そして、ついには自分の命さえも……。

すなわち、本当の愛とは、命がけなのである。恋愛ごっこのような、安っぽいものとはわけが違うのだ。

＊

この句は、ふたつながら手にすることはできない。よくて、せいぜいひとつだ、という意味だが、何かを得ようとして、それこそすべてを失う、または破滅する、という結果となることがままある。

その対象となるのが異性であるのは、小説や映画、ドラマなどでときどき見かける。早い話、馬を得ようという気を起こさなかったならば、鞍を失うことはなかったわけである。しかし、鞍を持っていれば、馬が欲しくなるのは自然のことである。

そいでもって、馬を得て、鞍を失うのは、まだいい方で、現実は、馬を得ようとしてはたせず、その上に、持っていた鞍をも失う羽目になる、ということの方が多い。

したがって、この句は、「馬を得ようとして、かえってすべてを失う」と変えるべきである。


「河童の川流れ」——もっとも得意とすることで失敗する、という意味だが、これはおかしい。

河童が川に流されているのは、体力が衰えて死にかけているか、大怪我をして本来の力を発揮できなかったから、でなければならない。河童を魚にたとえると、わかりやすい。魚が溺れるか。

また、鳥が落っこちるのも、得意とすることで失敗したからではなく、何かにぶちあたったか、飛ぶ力がなくなったからなわけである。

すなわち、これは、能力のある者に対する、一般人のやっかみと願望が句となったものなのである。

そして、それをカムフラージュするために、魚やかわうそではなく、あえて架空の生き物に仮託したのである。

「猿も木から落ちる」――「河童の川流れ」と同じ意味で使われる句だが、これも変である。なぜなら、猿にかぎらず、猫以外の動物が高いところから地面に落ちたら、ただではすまないからである。

落ちたところや、打ちつけたところによっては、最悪、死ぬかもしれないからだ。身の軽い猿だから、それほど重傷は負わないかもしれないが、少なくとも、以前のような動きはできないはずである。

たとえ軽傷でも、骨折していたら、死が約束されたも同然である。

つまり、これは、場合によっては、致命的な失敗となる、と解釈するべき句なのである。

＊

かつて、ある政治家が「猿は木から落ちても猿だが、政治家は選挙に落ちれば、ただの人」と言った。

あまりにもうまい句なので、ときどき新聞などで引用されている。

だが、それは、逆である。

政治家は落選しても、次の選挙があるわけで、当選すればまた政治家として復帰できるのである。

ゆえに、政治家は、一度や二度の落選くらいでは、ただの人にはならないのだ。

ひるがえって、一度落ちた猿は、もしかしたら、すぐ近くに肉食獣がいて「棚から牡丹餅」のように食べられることもあるのだ。

このように、せっかくの名句も、事実に反していると言わなければならない。

＊

結局、この猿も、前の河童と同様に、老いたか、怪我をしたか、未熟な小猿だったか、ということである。

つまり、失敗するには、それなりの理由があるはずなのだ。それも、得意とすることで失敗したのであるから、よほどのことがあったのだと考えるのが自然である。

にもかかわらず、こういう句が立派に言い伝えられているのは、河童や猿などの特殊能力を持った者に対する、やはり一般人のやっかみが隠されているからなのだ。だから、論理的に、おかしいのである。

すなわち、才能豊かな人間に対して、失敗しろ、という怨念が込められた句である、と言うことができる。

＊

いや、そうではなく、この猿は、死んだ猿なのだろう。したがって、「死んだ猿は木から落ちる」とするべきではなかったか。

「うさぎとかめ」——油断大敵、調子に乗るな、という意味。そして、何事も堅実にこつこつやっていけば、いつか必ず成功する、ということを、「かめ」に仮託した句である。

そもそも、「うさぎ」と「かめ」では、うさぎが速いのは当然である。にもかかわらず、あえて、うさぎに挑戦状を叩きつけた、かめの心情は、いったい何だったのか。

それはまるで、相手のうさぎに昼寝をする習慣があることを知っていたかのようである。そうなのだ。かめはそのことを知って、それを測った上で、これなら勝てる、という自信があったのである。

つまり、かめは、自分とうさぎの速度、及びうさぎが昼寝をする時刻とその長さを綿密に計算した上で、競争する日時とゴール地点までの距離を算出して、うさぎとの決戦に挑んだのである。これこそは、敵を知り、己れを知らば、百戦あやうからず、である。

結果、うさぎは、あと少しのところで、かめに及ばず、敗れたのである。

すなわち、かめが勝った要因は、うさぎが昼寝したからではなく、おそるべきその計算処理能力と、孫子の兵法の実践にあったのである。

＊

うさぎは能力のある人間で、かめは、鈍くさい人間のことである。

そいでもって、無能もときには有能に勝つこともあるのだぞ、と設定することによって、単にうさ晴らしをしたにすぎない。

つまり、かめは、うさぎの足の速さがうらやましかっただけなのである。

したがって、たいした話ではない。

＊

この話では、うさぎがかめに負けたわけだが、かめがその事実を世間に吹聴したとして、いったい誰が信じるであろうか。

聞いた者はみんな、だったら我々の見ている前で証明してくれ、と必ず言うに決まっている。そうなったら、うさぎは、絶対に昼寝などはせずに、一目散にゴールを駆け抜けるはずである。

その結果、かめは大ウソつきと言われ、うさぎとかめの競争に何の意味があったのだ、と批判されることになる。

すなわち、二度証明できないことは、ウソになるのである。

スタップ細胞の存在がそうだと言っているわけではないが。

＊

そりゃあ、相手がかめだったら、誰でも油断するのは当然で、何もうさぎが愚かだったわけではない。言うなれば、どんなに簡単なことでも、必ずどこかに見落としや落とし穴がある、ということである。

つまり、一番の大敵は、本人の油断なのである。

＊

早い話、うさぎはかめの挑戦を受けてはいけなかったのである。

というか、何でうさぎは、かめがのろいことをバカにしたのであろうか。それがそもそもまちがいなのである。「一寸の虫にも、五分の魂」という。

言うなれば、自分より劣っている者を、そのことでバカにしたり、軽べつしたりしてはいけない、というのが、この句の本来の意味である。

なぜなら、恨みは必ず晴らされるからである。時には、倍返しとなって。

＊

かめはもともと陸上動物ではなく、水中動物なのであるから、陸上動物のうさぎと競争することと自体、おかしいことなわけである。

かめは泳ぐのが得意で、うさぎは走るのが得意。

それを、なぜに、うさぎの得意分野で不得手なかめが競争する必要があったのか。設定からして、無茶苦茶であると言わなければならない。わざわざ優劣を決めるまでもないことではないか。

であるからして、かめは、走ることができず、歩くことしかできないことをバカにしたうさぎに対して、ならば水中で競争してどちらが速く泳げるか決めよう、と提案すればよかったのだ。無理に強がって、意地を張ることはなかった。

愚かさを言うなら、どっちもどっち、である。つまり、うさぎとかめは、目クソ鼻クソと言うことができる。


「待ちぼうけ」――走って来たうさぎが、畑にあった木の切株に自分からぶつかって、死んでしまった。それを見た農夫は、これからはただ待っていれば、うさぎは何度もぶつかってくるだろうと考え、農作業をいっさいしなくなった。

だが、それっきり、うさぎが切株にぶつかることはなかった、という話である。

北原白秋の詩で、歌にもなった。原典は「韓非子」の守株である。

つまり、一度うまい汁を吸った者は、その味が生涯忘れられず、まともに働こうとはしなくなる、ということである。

振り込めサギがいっこうになくならないのは、そのためである。

たった二、三回の電話で、多いときは一度に数百万も手にすることができるのだから、そう簡単にやめられるはずがない。

したがって、時給わずか八百円やそこらで真面目に働こうなんて、あまりにバカバカしくて、やってられるか、ということになる。

これは、株やギャンブルをやっている人間についても同じことが言える。

とかく、人間は、楽して生きていこうとする傾向が強い動物である。

「一石二鳥」「一獲千金」なる句は、そのことをよく表している。

＊

楽して得た金や不正な手段で手にした金を、悪銭と言った。そして、「悪銭、身につかず」という句が生まれた。

地道にこつこつ働いて生活している一般人からすれば、そんな「諺《ことわざ》」でも作って、うさを晴らすしかなかったのである。

このように「諺」の半分は、一般人の妬みがベースとなっている。その対象となっているのは、もちろん、高い地位の人間、才能ある者、それと大金持ちである。

そしてその目的は、没落して自分たちのところかそれ以下まで堕ちてしまえ、ということにある。

＊

たまたま、偶然、まぐれであったものを、そうではなく、何度も起こるのだ、と何の根拠もなく信じて疑わなかった人間の愚かさを、風刺した句である。

アホか、と一笑に付すのは簡単だが、同じことを忠実にやってみせた組織が、日本にあった。それが、日本海軍である。

日本海海戦の完全勝利があまりにも強烈すぎて、その後、この枠からはずれることができない組織となったのである。

とにかく、ロシア海軍との違いなどはまったく無視され、日本海海戦方式の戦略をそのままアメリカ海軍に当てはめたのである。

つまり、一にも二にも、艦隊決戦で、日本海海戦を再現する、ということを最大の眼目としたのである。これは、まさに「待ちぼうけ」そのものである。

農夫の畑が目茶苦茶荒れ果てたように、日本海軍も跡形もなく壊滅したのであった。

＊

「**虎穴に入らずんば、虎児を得ず**」――危険なことをしなければ、大きな成果は得られない、という意味。

だが、これは、たまたま成功したから伝わった代表的な句である。

もし、虎児を得ることに失敗し、親虎から食い殺されでもしたら、この句は決して言われることはなかった。無謀だ、愚劣だ、とさんざん悪口を叩かれたはずである。

したがって、これは、ただ単に運が良かっただけの結果論にすぎない句なのである。

はたして、我が命と引き換えにしてまで、虎児を得なければならなかったのか。

これが、この句の大きな問題である。

虎穴に入ることは、九死に一生を得られるかどうかの覚悟がいる。虎児を得られなければ、死ぬというのなら、それはいちかばちか、虎穴に入ることに何のためらいもないが、この句からはそんなことはうかがえない。むしろ、虎児を得ることに重点が置かれていて、利益誘導の方が先行している。

どうも、株を多く買わせようとする証券マンの勧誘に似ている、そんな句である。

言わば、ハイリスク・ハイリターンのことである。

だが、虎穴に入ることは、死ぬ確率が相当高いことであって、ハイリスクで済まされる問題ではない。よほど運が良くないと、生還するのはむずかしい。つまり、命懸けなのだ。

ここで重要なことは、なぜ命を懸けてまで虎児を得なければならなかったのか、それと、命を懸けるだけの価値が虎児にあるのか、ということである。

それらについての事情はまったく知らされず、ただ決意を表明しただけの句である。

と言うか、たとえが悪いのだ。

なぜなら、この言葉を発した班超《はんちょう》は、このとき絶体絶命の危地にあったのである。つまり、いちかばちか虎穴に入らなければならない状況に追いつめられていたのだ。べつに虎児を得たいがために虎穴に入ったのではない。このままでは死んでしまうから、生きるために、入ったのである。結果として虎児という成果を得たのであって、それが目的ではなかった。

したがって、この句は、実際の状況と解釈がかなりズレた句となっている、と言わなければならない。

この句が成立するには、その前提として、命を捨ててもいい、という相当な覚悟と、多くの幸運がなければならない。

所詮、結果が良かったというだけであって、言われるほど、たいそうな句ではない。

＊

「大の虫を生かして、小の虫を殺す」——王手飛車をかけられて、王を逃がすために、飛車を犠牲にすることである。

この句の通りであれば、話は簡単である。わざわざ言われるまでもないことなのだから。

問題は、大の虫を生かすために、大に準じる虫を切り捨てられるか、である。言わば、究極の選択である。

王と飛車では、王が一番手であり、王なしでは勝負にならないから、王を助けるのが当然でわかりやすいが、それ以外ではきわめてむずかしい。

つまり、どちらが大であるか、微妙な場合、たとえば、親と子、あるいは兄弟のどちらか一人しか助けられない場合、どっちを大とするか、である。

そして、何を基準にして、大と小を区別するか、である。置かれた状況や立場の違いなどで、変わってくるのだから。

また、人によって、当然、その優先順位もさまざまである。

要は、小の虫を殺してまで生かすだけの価値が、大の虫にあるか、ということである。

世の中、えてして、小の虫の犠牲が、まったくムダだったということがときどきあるのだから。

＊

大の虫にも、ただ大きいだけの虫もいれば、とても希少価値のある小さな虫もいるわけで、その場合、この句はまったく当てはまらないことになる。

すなわち、大きさよりも内容の良し悪しなのである。

大きさは誰にでも見分けられるが、内容の良し悪しはなかなか見分けることはできない。

したがって、これは、形の大小を問題にしているだけの、まったく内容のない句である、と言うことができる。

三章　ことわざになった句編

「**汝自身を知れ**」——しかし、一般人が自分が何者であるか知ったならば、とてもではないが、生きていけないのではないか。あるいは、生きる気をなくしてしまうのではないか。はかなくもささやかな夢や希望を抱くことで、ようやっと生きているのに、まったく物の数にも入らない身であると自覚させられたなら、何をもって生きていけばいいのか。

そう、人は、「知らぬが仏」によって、どうにか生きていられる生き物なのだ。


「**人事を尽くして、天命を待つ**」——本当に人事を尽くしたのならば、結果など、ある意味、どうでもいいという心境に達するのではないだろうか。

そして、それこそが人事を尽くしたことになるわけで、天命を待つ余力があるのは、本当は人事を尽くしていないからである。

すなわち、人事を尽くすとは、天命を超えたものなのである。

人事を尽くすほどがんばり、努力したのだから、成功しないはずがない、という絶対的な自信に裏打ちされた傲慢さが垣間見える句である。

なぜそう言えるか。それは、天命を待つ、というういかにも偉そうな下の句にそのことが如実に現われているからである。

本来ならば、結果を待つ、あるいは果報を待つ、で十分のはずではないか。それを、よりにもよって、天命と大きく出たのである。そこには、まるで自分は天から選ばれた人間である、かのごとき驕りがある。

そして、待つと言うからには、当然それは吉報以外にはないわけである。

したがって、これは、自分のやることに絶対的な自信を待ち、成功することを信じてまったく疑わない者しか吐けない句である、と言うことができる。

＊

人事を尽くすとは、どこまでやったならばそう言えるのか、具体的な説明が欠けている。その結果、誰でも気軽に使える言い訳の句となった。

と言うのも、自分では十分人事を尽くしていた、と勝手に思い込めば、尽くしたことになるからである。

立派な句は、意外と、危険な句でもある。

「継続は、力なり」——これは、「継続しなければ、力とはならない」と言い換えられるべきである。

また、継続を奨励したのではなく、継続することが、いかにむずかしいかを説いた句なのである。

「絶対的権力は、絶対的に腐敗する」――そうではない。腐敗した人間ばかりが、絶対的権力を握るのであり、また、絶対的権力が、握った者を腐敗させるのである。

まともな人間で、絶対的権力を握った者は一人もいないことが、このことを証明している。

絶対的権力とは、他の意見を絶対に聞かないことであり、たとえ聞いても、絶対に信じないことである。

＊

「成功の下に、久しくおるべからず」――べからずは、できない、という意味である。つまり、成功は一時のこと、ということである。

これは、何も成功だけにかぎったことではない。ほとんどのことが、長く続かないのである。そこから、「盛者必滅」とか「栄枯盛衰」などの言葉が生まれた。

したがって、永遠とか不滅とかは、言葉でしか存在しないものである。

にもかかわらず、常勝軍団とか不沈艦なる言葉をよく耳にするし、そんな非現実的なことが、堂々と言葉として踊っている。なぜか。

それは、人が、ありもしないこと、ありえないことに対して、夢とロマンを求めているからに他ならない。

言うなれば、夢を見、理想を語ることで、人は生きていけるのである。

そんな絶対にありえないことが、言葉として重きをなしている、その最たるものが「矛盾」である。

「矛盾」——どんな盾《たて》も突き通す矛《ほこ》と、どんな矛も突き通せない盾が同時に存在するわけがない。それが「矛盾」の語源である。

なぜなら、この句は、どちらか一方しか存在しえないからである。つまり、矛と盾のどちらか一方は、本当のことであり、もう一方は偽りなのである。

したがって、現実問題として、矛盾という実態は存在しないのである。

＊

これは、言われているほど、たいそうな句ではない。

と言うのも、実際に矛と盾を対決させてみれば、どっちが真実であるか決着がつくわけだから。ただ、それだけのことでしかないのである。

にもかかわらず、この句が、ある意味、絶対的な存在価値があるのは、世の中にいかにウソが多いか、を物語っている。

それも、矛と盾のように、容易に優劣がつけられる単純なものではないからである。

そして、そうした幾つもの矛盾の上に、世の中が成り立ち、動いている、という矛盾。

「自らを顧みてなおくんば、千万人と言えど、我行かん」――自分が正しいと信じたならば、たとえ一千万人もの人が反対したとしても、それでも自分は絶対に実行するぞ、というたいへん威勢のいい句である。一騎当千くらいなことではなく、一千万人もの人間を向こうに回して、タンカを切っているわけだから。

そして、この句を高らかに宣したただけで、何か自分が、急に偉くなったような錯覚に陥る。だが、それは、単に自己暗示にかかって、自己陶酔に浸っているだけにすぎない。

そもそも、一千万人が反対することを、たった一人で敢然とやれるはずがないのだ。

いや、そうではなく、それくらいの心意気である、ということだろうが、心意気とは、所詮、気分がもっとも高揚したとき、一時的にあらわれる心理現象にすぎず、時とともに、薄れていくものである。

もし、本気でこの句を実践するつもりなら、一人で勝手にさっさと行けばいいのであって、いちいち決意表明することはない。

だいたい、威勢のいいこと、調子のいいことを口にするのにかぎって、頭が悪いか、実行力がない人間と、昔から相場が決まっている。

それに、この句は、心に秘めるものであって、軽々に口に出すべき性質のものではない。と言うか、そもそも、一千万人が反対してもなおやらなければならないことが、世の中にいったいあるのか、ということだ。

一般人がこの句を口にすると、誇大妄想となされるのが、オチである。

「五十歩、百歩」――この句ほど、気安く、手軽に使われているものはない。だが、本当はかなり深刻な状況下で使われるべき句なのである。

と言うのも、この句の背景となっているのは、他でもない、生と死が隣り合っている、戦場だからである。つまり、ほんの少しのことでさえが生死を分けるという、過酷な状況下でのことなのだ。

そういう所では、五十歩と百歩の距離は、ほとんどまったく変わらない、などと安易に判断を下すことはできない。なぜなら、このことが生と死につながったとしたら、五十歩の差は、天と地との差になるからである。

したがって、これは、戦場での、が省略されたため、まったく別の意味となった、珍しい句なのである。

*

戦場から逃げた兵士二人が、それぞれ五十歩と百歩逃げたが、五十歩の兵士が、百歩の兵士に向かって臆病な奴だ、と笑ったことに対して、逃げたことに関しては五十歩も百歩も変わりはない、と評した句である。

しかし、はたして、五十歩や百歩の逃げが、逃げたことになるのであろうか。

本当に逃げたのならば、それは敵の追撃から逃げのびたことを意味するわけで、とても五十歩や百歩ではすまず、数万歩は逃げないと、命がいくつあっても足りない。

したがって、五十歩や百歩の逃げは逃げではなく、よくぞ五十歩や百歩で踏みとどまった、と解釈を改めるべきである。

すなわち、この句は、たいした違いはないとか臆病のことなどではなく、勇気ある行動を言ったものであり、五十歩逃げた兵士は、百歩の兵士よりも度胸があった、と言うことができる。

＊

要するに、これは弓矢の射程距離と的の大きさの問題であって、五十歩と百歩の差では当たる確率は断然、五十歩の方が高いのは、理の当然である。

したがって、五十歩も百歩も逃げたのに変わりはない、とは決して言えないのである。

つまり、この句は、設定がおかしいのである。

にもかかわらず、よく使われるのは、百歩逃げる人間が断然多くいて、その言い訳として常用されているからである。

本当に変わらないと言いたいのなら、五十歩、五十一歩とするべきだったのだ。

なぜなら、多くの競技では、わずか数センチ、数ミリの差が勝者と敗者を分ける、という厳しい現実があるからだ。

それと比べても、五十歩と百歩の差の、何と大きいことか。

「**我渇しても、盗泉の水は飲まず**」——本当に渇して死にそうだったならば、たとえそれが泥水だったとしても、人は喜んですするはずだ。

なぜなら、それが生き物の本能だからである。

盗泉という、徳義からはずれた名の泉の水だから飲まないというのは、ひとつの見識には違いない。

戦後すぐ、配給米だけで、ヤミ米をいっさい食べなかったがために餓死した判事がいた。己の信念に殉じた、まことにもって立派な生き方ではある。

だが、それは、自分の命よりも信念や生き方を優先し、こだわった結果にすぎない。

なぜなら、すべてを犠牲にしても、命を守ることが何よりも優先されるからである。

つまり、命あっての人生であり、生き方なのである。

したがって、信念や生き方の方を大事にする行為は、本末転倒である、と言わなければならない。

信念に殉じる、と言えば一般受けするだろうが、ただのええかっこしいにすぎない。

極端なことを言えば、ウソをついたり、悪いことをしなければ生きていけないのなら、死んだ方がマシだ、と見栄をきるのと同じである。

世の中に、ウソをつかず、小さな悪いこともしない人間がいるだろうか。（いるとすれば、その自覚がないか、忘れたかである）

盗泉の水を飲まずと言えるのは、たいしてのどがかわいていないからであって、盗泉とは直接関係ない、と考えられる。

と言うのも、渇しても、という卑怯な仮定法が使われた句だからである。

つまり、ただの屁理屈にすぎない。

このように、論語には、人間性を頭から否定した立派な御託宣が、あまりにも多過ぎる。

「**言うは易く、行《おこな》うは難し**」――これは、言うことによって、言った本人は半分行ったつもりになれる、というのが本当の意味でなければならない。

そうであるから、言いっ放しで、行わないのである。

したがって、行うのがむずかしいのではなく、言う者は、初めから行う気はないのだ。

そして、この逆が「不言実行」である。

つまり、これは、ヤル気の有無の問題であり、ヤル気のない人間のことを評した句なのである。

＊

行うのがむずかしいのではない。行うことが目茶苦茶むずかしいことをやる、とただ口にしただけのことである。

言わば、絶対不可能なことも、口で言うのは簡単だ、というただそれだけの句なのだ。


「**人生は短く、芸術は長し**」――これは、長生きしたければ、芸術家になれ、というのが本当の意味である。

つまり、どんなに長い人生であっても、芸術にたずさわらないかぎり、人生は短い、と言いたいのである。

早い話、芸術は奥が深い、ということなのだ。

しかしながら、芸術家のほとんどは、悲惨な人生を送っていることもまた事実である。

したがって、この句は「人生は短いが、芸術は長く辛く苦しい」と言い換えられるべきである。

「断じて行えば、鬼神もこれを避く」——これは、あくまで一時、鬼神が避けただけのことであって、少しでも油断しようものなら、鬼神はすぐ立ちはだかるはずである。

つまり、断じて行い続けなければならないのだ。要は、それができるかどうかなのであって、断じて行うこと自体はそれほどむずかしいことではない。

そして、断じて行うことが、必ずしも成功を約束するものではないのも事実である。

それを、断じて行えば、何事もうまく行く、みたいに勘違いさせる句なわけである。

したがって、これは、成功するための最低条件のことにすぎないのだ。

あえて忠告したい。鬼神をなめてはいけない。

「精神一到、何事か成らざらん」——何事かを為すための条件の一つとして、精神をひとつに集中せよ、と言っているだけである。

本当に大事なことは、為すべき何事かを持つことであって、それをしっかり持ってさえいれば、それに向かって精神は自然と集中するものである。

したがって、無理に精神を集中させたからといって、何事かできるものではないのだ。

重要なのは、何事か成るまで、精神集中を持続させられるかどうか、である。

成らざらんとは、だから、成るといいね、という軽い意味なのである。

「友情は、喜びを倍にし、悲しみを半分にする」――とは言うものの、実際は、友だちの成功を、心から素直に喜べないものである。純粋な気持ちで、おめでとうと言えるのは、よほど出来た人物か、やさしい人である、と言っていい。

その上、悲しみまで、まるで我が事のように分かち合ってくれるに至っては、それは友だちではなく、神様、仏様のような存在であると言わなければならない。

が、そんなの、いるわけがない。

したがって、これは、友情の理想をただ述べたものにすぎない。

＊

これは、友情というものを買い被りすぎた句である。

喜びは束の間のことであり、それが倍になったとしても、言われるほどすばらしいものにはならない。また、悲しみはけっこう長く続くもので、そんなものにずっと付き合ってくれる友だちはそういない。むしろ、いい加減、早く吹っ切ってしまえ、と言われるのがオチである。

つまり、友情は、甘え合うものではなく、ときには、負担に感じることなのである。

＊

あまりにも、友情のすばらしさを高らかに謳い上げ過ぎた句である。そして、ずい分と友だちに依存した句でもある。

これではまるで、一方的に愛情を要求してやまない恋愛と同じではないか。つまり、自分の方が友だちに同じことをしてやろうという気持ちが完全に欠落している。

このままでは、遅かれ早かれ、破綻するのは目に見えている。

したがって、これは、友情を曲解した句である、と言わなければならない。

＊

本当の友情は、苦しいときに励ましてくれ、落ちぶれても、決して見捨てない、ということである。

英語のことわざにもある。「いざという時の友こそ、本当の友」と。

「**為せば成る。為さねば成らぬ、何事も。為さぬは、人の為さぬなりけり**」――江戸時代の名君、上杉鷹山の句と伝えられている。

まったくもって、ごもっともである。だが、結果が、成ったからこそ言えた句である。なぜなら、成らないのは、為さなかったからである、と一方的に決めつけているからだ。

何かを為そうと、多くの人たちが日々努力している。それでどうなったかと言えば、この句のように何かを成しえたのは、ほんの一握りにすぎないのが現実である。

もし、この句の通りだとするならば、世の中は成功だらけになってしまう。

では、なぜそうならないか。

エジソンは、天才とは九十九パーセントの汗と一パーセントのインスピレーションだと言った。彼が言いたかったのは、一パーセントの方である。つまり、わずか一パーセントにすぎないインスピレーションが、天才とそうでない者を大きく分けている、と。

成功もまた同じで、九十九パーセントの汗と一パーセントの運であると言える。

つまり、どんなに努力しても、一パーセントの運の有る無しで、成るか成らぬかが決まるのである。

悲運とか不運という言葉は、九十九パーセント為したにもかかわらず、一パーセントの運がなかったために成らなかった人たちに対する慰めなのである。

*

世の中、とりあえず為しさえすれば、何とか成るような、そんな単純なものだったら、誰も苦労しないし、悩むこともない。

なぜ、為さないか、為そうとしないのか。

それは、九十九パーセントの汗がムダに終わった場合の受ける衝撃が、とてつもなく大きいからである。そうなるよりは、何も為さない方が、精神的に楽である。

つまり、人が為すか為さぬかは、リスクの問題であって、人間の資質とは関係がない。

「匹夫《ひっぷ》も、その志を奪うべからず」という句のように、しがない人間でも、いっちょ前の志を持っているものだ。

何事も為そうとしなかったから、ダメ人間であると一方的に決めつけるような偏見に満ちた句は、危険であると同時に、有害である、と言わなければならない。

「**知って行わざるは、知らざるに同じ**」——はたして、そうか。

知ったことは、何でもかんでも行えばいいというものでもあるまい。行わない方がいいこともけっこうあるはずである。

それに、行わなかったから、知ったことにはならない、となぜ決めつけるのか。「陽明学」が出典だが、あまりに行動することに重きを置きすぎているし、一方的な押しつけが多い。

熟慮したあとに実行するのならまだしも、とにかく実行あるのみ、というのはいただけない。最初は善い行動でも、次第に悪い方向へとはずれていったということがたびたび起きていたりする。

もっとも良くないのは、この句が、独断的で、独善的であることだ。

ひと口に知ると言っても、そこには正確なこともあれば、ウソや誤りもある。ところが、それをどうやって見分けるか、がまず問題となるのに、そのことがまったく示されていない。

したがって、この句はむしろ「信じて行わざるは、信じざるに同じ」と全面的に改定されるべきではないのか。

「過ぎたるは、及ばざるがごとし」——多くあるよりも、少ない方がいいという意味だが、過ぎたるにも程度があり、物や場合によっては、当然、意味も違ってくる。

とりわけ、お金は、少ないより、ちょっとでも多くあった方が断然いいわけである。「大は小を兼ねる」とも言う。

それなのに、この句は、過ぎたるよりは何でもかんでも少ない方がいい、と一方的に決めつけているのである。

このように、名句と言われているものは、個々の事情などいっさいおかまいなしに、すべてをひとまとめにして、肯定するか、否定するという独善的断定に満ちている、と知るべきである。

＊

愛情もまた、多い方が少ないより絶対いいに決まっている。

したがって、どんな名句にも、けっこう例外があることを知るべきなのである。

＊

つまり、無理するな、がんばり過ぎるな、ということなのである。なぜなら、何のために生まれてきたのか、わからなくなるからだ。

だが、そうは言うものの、たとえいやであっても、無理したり、がんばらないと、生きていくのがむずかしいから、やむをえず、やっているのである。

以前のサラリーマン川柳にこんなのがあった。

「無理させて　無理をするなと　無理を言う」

そう、この国では、みんな無理をして生きているのだ。仮に、この句のように、及ばざるがごとし、とはなっても、過ぎたる生き方をするくらいが、幸か不幸か、この国ではちょうどいい生き方なのである。

「攻撃は、最大の防禦」——クラウゼビッツの『戦争論』を読んだことがなくとも、この句はたいていの人が知っている。それくらい有名である。

にもかかわらず、これほど信ぴょう性に欠ける句も珍しいと言わなければならない。

と言うのも、太平洋戦争での日本軍は、この句を強行して、敗れたのだから。

前進と突撃命令はあっても、後退や撤退命令はほとんどなかった。つまり、バカ正直なくらい、この句を実践した結果が、未曽有の敗戦だったわけである。

したがって、これは、「攻撃は最大の防御ではあるが、そうすることで必ずしも勝利するとはかぎらない」と変えられるべきである。

言うなれば、『戦争論』は戦争についての論文にすぎないのであって、『孫子』のように、どうすれば勝てるのか、を事細かく記述したものではないことを、まず知っておくべきなのである。

＊

少し遠いところから、犬がやたらと吠えまくるのは、攻撃しているのではなく、あれは防御なのである。つまり、この句を忠実に守っているのだ。

だが、実際は逆で、攻められると弱いから、近づくな、攻撃するな、という警告である。「吠える犬は、かまぬ」とはこのことを言った句である。言うならば、弱いから吠えているだけなのだ。

人間でも、やたらと積極的で攻撃的だったり、異常なほど過激な言葉を吐く人がいる。すごく威勢よく見えるが、それはただ自分が弱いことをカムフラージュしているにすぎない。

したがって、この句は、弱さを隠すために、ただそれだけのために、あえて攻撃する、という程度の意味なのである。

すなわち、攻撃一辺倒の日本軍は、敗れるべくして敗れたのである。

鋭い批判や非難をする人間ほど、逆にそうされたら、意外なほど脆《もろ》いものである。

とかく攻めに強いというのは、守りには弱いと昔から相場が決まっている。

突っ張ったり、虚勢を張るのは、だから弱さの証明なのである。そうすることが最大の防禦であることを、本能的に知っているのだ。

つまり、この句の攻撃とは、それくらいの力があるのだぞ、という見せかけなのである。

それにしても、この句を信奉した指揮官によって、どれほど多くの血が流されたことか。

日本軍は言うまでもないが、第一次世界大戦での西部戦線は、攻撃した方がより多くの犠牲者を出したのである。

はっきり言って、これくらい有害無益で最悪最低の句は他にないと言っても過言ではない。

＊

「この道以外、我を生かす道なし。この道を往く」——誰の作か忘れたが、かっこいい句である。が、そんなのにかぎって、論理が破綻しているのが多い。これも例外ではない。

と言うのも、なぜこの道以外に自分の生きる道がないのか、その理由、根拠が欠落しているからである。

そういった前提がまったくなく、いきなり結論を出す、というのは論にもなっていない。

また、そうであるのなら、他の道を進んだ場合、死ぬような目に会うのか、という疑問も生じてくる。

そんなことはあるまい。もしあるとしたら、いったいあんたは何者なのだ、ということになる。この道の天才であるならいざ知らず、そうでなかったら、こんな言葉は吐けない。いや、逆に、天才ならこんなことをわざわざ口にする必要はまったくない。だって、天才なのだから。

したがって、これは、ただかっこいいだけの、中味のない句なのである。

＊

これは、決意表明の句である。

言わば、半分、決意することが目的であって、行動するかどうかは、別の問題なのだ。

なぜなら、本当に何かしようとする人間は、いちいち決意表明などしないからである。

そんなことを考えたりする暇があったら、すでにもう行動を起こしている。

つまり、ヤル気のなさを、決意表明することによって、カムフラージュしているわけである。そして、そうすることで、半分実行した気分になることができるのだ。

本人は、とりあえずその気があり、やるつもりではいるのだから、決して嘘をついているわけではない。ただ、口と体が一致していないだけなのである。

要は、言わない人間はするが、言う人間はしない、ということである。

本気でそうしたいのなら、つべこべ言わずに、さっさと往けばいいわけで、それを、何をもったいぶることがあるのか。

＊

だったら、もしこの道の先の方が土砂崩れなどで通行不能だったとしても、それでもあえて往くのか。

あるいは、この道が、いつ岩が落ちてきてもおかしくない、命の危険が常にともなう道であっても、やはりこの道が自分を生かす道である、と自信をもって言えるのか。

この句からは、自分の選んだのが、平坦だとか、崖があるとか、茨の道だとかの説明がまったくない。ただ、この道しかない、とばく然と一方的に決めてかかっている。

まあ、自分でそう決心したのなら、勝手に往けばいいことである。人に聞かせることではない。

＊

高村光太郎の詩の中に、「ぼくの前に道はない、ぼくの後に道はできる」とある。そうなのだ。道なき道を往くのが、本来あるべき姿でなければならない。

ところが、この句にあっては、すでに存在している幾つもの道からひとつを選んで、自分にはこの道しかない、と言っているにすぎず、高村光太郎の詩からすれば、決意表明ですらなく、ただの選択でしかない。

すでにある道を選んだだけのことで、我を生かすもへったくれもないものだ。それを、何をかっこつけているのか。ただ、そう言うことで、自分自身に酔っているだけなのだ。

まことにもって、一見もっともらしい句ほど、その逆であることが多いものである。

だから、詐欺師がなくならないのだ。

「一将功成って、万骨枯る」――将軍の功績の陰に多くの兵士の犠牲があった、という意味。

が、それでは、当たり前過ぎて、わざわざ言われるほどの句でもない。

ただ、この出典となった詩は、だから、功名手柄の話はしないでくれ、という理由を述べた句なのである。

それがいつのまにか、この句だけが独立してよく使われるようになった。

しかし、功が成ろうが成るまいが、それと関係なく、万骨は枯れるのである。功が成ったら、それでいいではないか。もし、万骨が枯れた上、功も成らなかったならば、枯れた万骨はまったくのムダになってしまう。

したがって、この句は、素直に、万骨は枯れたが、功が成って、良かった、と解釈すべきなのである。

*

この句の本当の意味は、万人の失敗者がいたから、一人の成功者の存在がある、ということである。

つまり、成功するのは、万人に一人というくらい、むずかしいことなのである。

身近な例として、いろんなコンテストやオーディションなどが、まさにこれである。

わずか一人か数人を選ぶために、数千人以上もの応募者のほとんどが落選とされるのだ。

すなわち、世の中、常に陽が当たるのは、いつもわずかひと握りの人たちだけなのだ。

「背水の陣」――決死の覚悟を味方に強制した陣形のことで、もう後がない、崖っぷちに追い込まれ、開き直ったときにも使われる。

言わば、絶対に逃げられない状況のことである。つまり、無理に逃げて確実に溺れ死ぬより、戦って戦って、少しでも生還できる可能性にすべてを賭けた作戦なのである。

早い話、部下に最悪と次悪の二者択一を迫った句である。

しかし、この陣形は、日本軍ならば、まさにその通りなのだが、他国の軍隊にも適用できるかどうか、はなはだあやしいと言わなければならない。

なぜなら、戦わずに降参する、という選択肢もあるのだから。

これがイタリア軍ならば、この陣形となる前、不利とわかった時点で、さっさと降伏するはずである。（何が楽しくて、死ぬかどうかギリギリのところで戦わなければならないのか。生きてナンボではないか。戦争で死ぬために生まれてきたのではないぞ、と）

つまり、これは、第三の選択肢をまったく無視した、言わば、人間の命など何とも思っていない、非人間的な句であると言わなければならない。

＊

「背水の陣」が成立し、機能するための必要十分条件は、最後の一兵まで戦う兵士がいることである。

本当に、背水の陣を敷いただけで、兵士全員が決死の覚悟ができるものなのかどうか。なぜ、そうなるものと、決めつけているのか。

そして、弱い部隊でも背水の陣となったら、それだけで急に精鋭部隊に変身するのか。

また、敵味方双方が背水の陣で向かい合って戦ったら、いったいどうなるのか。

ただ、ひとつ言えるのは、背水の陣だから、必ず勝つとはかぎらない、ということだ。

おそらく、背水の陣の韓信軍が必死で戦ったというより、攻めた趙軍の方が弱かったからこそ、この陣が成立したと考えられる。

なぜなら、この戦いからおよそ六十年前、秦軍対趙軍の長平《ちょうへい》の戦いがあって、敗れた趙軍の四十万もの兵士が生き埋めにされて殺されたことがあり、そのときのトラウマを趙軍兵士がひきずっていて、あまりはかばかしい戦いができなかったためではないか、と考えられるからである。

つまり、この句は、言われているほど、すごいものではない、ということである。


「三顧の礼」——言うまでもなく、『三国志』のハイライトである。

『三国志』を二つに分けるとすれば、孔明が登場する前と後、ということになる。言わば、『三国志』を象徴する句なのである。

劉備が、辞を低くして礼を尽くしたことで、ようやく重い腰をあげて、孔明は出廬を決意した。つまり、この句から『三国志』は後半に突入し、クライマックスを幾度も迎えることになるわけである。

ではなぜ、劉備が、一介の白面書生にすぎない孔明にそこまでしたのかと言えば、孔明の師匠や友人たちが、彼のことを不世出の人物で、伏竜である、とまで評したからである。

だがしかし、これほどおかしな話もない。なぜなら、人は、噂だけで、その人物に絶大な信頼を置けるものなのか。それも、これといった実績がまったくない、無名の存在に対して。

おそらく、劉備としては、ダメ元のつもりではなかったか。もし、本当に噂通りの人物だったら、もうけもの、というくらいの。

それと、宣伝効果である。つまり、無名の人物でも、賢人との噂だけで、礼遇して迎えてくれる、という噂が立てば、野に埋もれている賢人たちが、我も我もと名乗りをあげてくれるのではないか、という。所謂、「隗《かい》より始めよ」の実践である。

したがって、この句は、孔明の登場をもったいぶったり、孔明に絶対的な期待をかけたことでもなく、劉備の深謀を表したものなのである。

＊

孔明がすぐれているという噂は、彼の狭い交友範囲にかぎられており、ある意味、単なる身内ぼめにすぎない。

それに、学問が良くできるからといって、世の中に即戦力としてすぐに通用するという保証はどこにもない。

ところが、『三国志』では、目茶苦茶なほど通用したのである。

机上の学問しかやっていない孔明が、ひとたび現場に立つや、軍師としての天才性を存分に発揮するかと思えば、呉国の重臣たちを向こうに回して大舌戦を展開し、これをことごとく論破するという、まるで不可能なことはひとつもないような大活躍を見せるのだ。

ならばどうして、荊州の劉表や呉国の孫権は、礼を尽くして孔明を招こうとしなかったのか、という疑問が生じる。

荊州では、孔明という大才を容れる余地がなかった、ということで容易に説明がつくとしても、呉国はそうはいかない。と言うのも、謹という孔明の兄がすでに仕えていたわけだから。これほどコネとして有力なコネもあるまいに、孔明を招くどころか、その存在すら呉国に知られていなかった。

　これすなわち、兄である謹の怠慢であると言わなければならない。本当に呉国のことを思うのならば、弟を強く推挙するべきであったはずなのに、その形跡はまったくない。

ということは、兄は弟が伏竜であるなどとは、つゆほども思ってもいなかったわけである。

つまり、兄は弟を評価していなかったことになる。

　兄からさえ軽く見られてる男を、仲間内だけの噂や評価のみで、三顧の礼を尽くした劉備は、偉いと言わなければならない。

　そう、本当に偉いのは、孔明ではなく、劉備なのである。

＊

　結局のところ、「三顧の礼」とは、相手の自尊心を大いに満足させ、中国人がもっとも重んじる面子《メンツ》を立てた行為のことである。言うなれば、儀式なのである。

たまたま、孔明はそれにふさわしい人物だった、というだけのことであって、要は結果論なのである。

　これだけ礼遇されたにもかかわらず、まったく物の役に立たなかったなら、この句は生まれなかったわけだから。

　早い話、「三顧の礼」とは、ドラフト一位指名の選手に対する球団の特別扱いのことであって、彼が活躍できるかどうか、ということとはまた別の話であって、シーズンが始まってみないとわからない。

　したがって、礼はあくまで礼にすぎず、実があるかないかは、このさいどうでもいいことなのである。

すなわち、これは、期待が先行した、というただそれだけの句なのである。


「泣いて、馬謖《ばしょく》を斬る」――『三国志』の名場面のひとつである。

この句のおかげで、大失態をやらかしただけの男の名が永遠に語り継がれることになった。

それはともかく、これは、馬謖の命令違反による蜀軍大敗の責任を、すべて彼ひとりに押しつけることによって、孔明自身も含め八方丸く収めた故事である。

なのに、どこをどうまちがったか、いつのまにか、信賞必罰のためには個人の情をも押し殺さなければならない、という意味にすり変わったのである。なぜなのか。

それは、主人公の孔明を擁護するために他ならない。つまり、史実にしろ、物語にしろ、主役は常に絶対善でなければならない、という制約によるものなのである。

馬謖は、孔明がもっとも信頼する部下であった。ところが、彼は孔明の命令に背いた。

ここに、孔明の不明がある。それも、ふたつも。

ひとつは、馬謖が平気で命令違反する男であることがわからなかったこと。そしてふたつは、そんな男を、よりにもよって、もっとも重要な任務の指揮官にしたこと、である。

早い話、バカを見抜けず、それどころか深くこれを信じ、バカを大将に任じたのが、孔明だったということである。

したがって、街亭《がいてい》の戦いは、当然のごとく、敗れるべくして敗れたのである。

つまり、すべては、孔明の責任なのである。

それを回避し、また、自分の地位を保全するために、孔明は、すべての責任をバカ一人におっかぶせたわけである。そして、それを正当化しただけではなく、美化さえしたのだ。

これこそが、泣いて馬謖を斬る、という演出に他ならない。

かくして、孔明の責任など最初からまったくなかったかのように、いつのまにか、馬謖の軍律違反だけが問題とされたのである。

孔明が苦渋の決断をして、泣かなければならないという小細工を要すること自体からして、責任転嫁という、孔明のやましさのあらわれと見てまちがいない。

言うなれば、スケープゴートとは、大失敗したときのため、あらかじめ用意されている保険みたいなものである。

このときは、それが馬謖だった。それだけのことである。

したがって、この句は、八方うまく収めるために捧げられた、いけにえの儀式のことなのである。

*

ところで、孔明は、馬謖のバカは見抜けなかったものの、蜀軍の勇将、魏延がいつか必ず反逆するであろうことを、初対面で一目見て察知したのである。

どちらが本当の孔明の姿かと言えば、もちろん、人を見る目がなかった方である。

魏延の件は、孔明の死後、彼がそのような行動を取ったことを知っている作者が、勝手に作り上げたものである。言わば、たいした意味のない結果論にすぎない。

「人の一生は重荷を負うて遠き道を行くが如し、急ぐべからず、不自由を常と思えば不足なし、心に望みおこらば困窮したる時を思い出すべし、堪忍は無事長久の基、怒りを敵と思え、勝つことばかり知りて負くることを知らざれば、害其の身にいたる。おのれを責めて人を責めるな、及ばざるは過ぎたるに勝れり」――御存知、徳川家康の遺訓とされている、立派な言葉の羅列である。

これは、誰を対象にしたものかと言えば、他でもない、農民である。

そして、農民に絶望一歩手前の教えを説いたものである。

なぜ、このような遺訓が必要だったかと言えば、次の二つの言葉が、それを見事に説明してくれている。

「百姓は、生かさぬように、殺さぬように」「百姓と胡麻の油は搾《しぼ》れば搾るほど出る」

そうなのだ。すべては、このためである。

すなわち、人の一生のことではなく、農民こそが、重き荷を負うて遠き道を行くがごとき一生なのである。

したがって、これに続くありがたいお言葉の数々は、すべて農民への戒めで貫かれているわけである。

早い話、どんなに苦しくても、一揆は起こすんじゃないぞ、と言いたいだけなのである。

はっきり言って、いい気なものである。

＊

この遺訓の中でひとつだけ、異質な句がある。

「勝つことばかり知りて負けくることを知らざれば、害其の身にいたる」がそれである。もし、本当にこれが家康の遺訓だとすれば、この句だけであろう。

なぜなら、明らかに、家康自身の自己弁護であり、かつ自己を正当化した句だからだ。

要は、天下を取ったばかりか、二百六十余年にも及ぶ長期政権の礎を築いた人物の言葉は、ただそれだけで重く深いとみなされている、ということである。

「悪魔に魂を売る」——ゲーテの『ファウスト』が原典となっている。言わば、目的を達成するためだったら、何でもする、悪魔とも取引をする、という意味である。

この句を具現化したのが、陸上や水泳競技でのドーピング問題である。

オリンピックの金メダルの威力はすさまじく、金と名誉を同時に得るために、多くの競技者がこれに手を染める事態となっている。

オリンピック精神の初心に帰れば、こんなことにはならなかった。

なぜなら、古代ギリシャのオリンピックの優勝者に与えられたのは、オリーブの冠だけだったのだから。

その昔、ペルシア軍がギリシャを攻めるに当たって、将軍のひとりが、たまたま捕虜にしたギリシャ人に、おまえたちは、いったいどういう人間なのだ、と問うた。

と言うのも、ペルシア軍が大挙攻めて来ているにもかかわらず、当のギリシャ人たちにとっては、オリンピア競技会の方がより大事であると言ったからだった。

「と言うことは、その競技会に優勝すると、とても素晴らしいものが貰えるわけだな」

すると、ギリシャ人はこう答えた。

「いいや、オリーブで編んだ冠だけだ」

これを聞いたペルシア軍の将軍は、天を仰いだ。

「何ということだ。我々は、何よりも、名誉をもっとも尊ぶ連中と戦おうとしているとは……」

オリンピック精神とは、参加することに意義があるのではなく、名誉以外を求めないことなのである。

それがどうして、オリンピックがこうも毒されたかと言えば、個人対抗戦から国別対抗戦へと大きく変わってしまったからである。

つまり、個人が国の威信を背負わされることになった。

その結果、期待に添えなかった選手は、極端な話、国へ帰ることができなくなる事態が生まれたのである。

それほどのプレッシャーがかかるのだ。悪魔に魂を売りたくなる気持ちも、わかろうというものである。

したがって、この句は、そうせざるをえない状況にまで追いつめられた人間のことを評したものなのである。

よほどのワルでもないかぎり、誰が好きで悪に手を染めるか。

＊

何事も、金の問題がからむと、とかく人間は人格が変わる。

「悪魔に魂を売る」というよりは、悪魔が棲《す》みつくのかもしれない。

それはともかく、刑事ドラマやサスペンスドラマは、ほとんどそれが原因となった事件ばかりである。

童話の世界では、魔女は登場するものの、主人公を助ける魔女がけっこういる。


「決意」――決断、はそのときの一瞬である。

しかし、「決意」は、長く続けることである。

たとえば、禁酒、禁煙である。

一週間や一か月続けても、それをもって、禁酒した、禁煙した、とは言わない。

したがって、本当にやろうと決意したのなら、禁じるのではなく、断たなければ、決意したことにはならない。つまり、断酒であり、断煙である。

人間は、禁じられたことを、平気で破る動物である。だから、禁酒や禁煙は、決意したのではなく、そのつもりである、という意味なのである。

＊

決意し、それを表明する行為は、するに当たって自信がないことを、逆に表明していることなのだ。

表明し、みんなから、ほう、それはすごいなどと誉められることを励みにしないと、やっていけないから、表明するのである。

要は、する奴は言わないものである。

四章　立派な言葉及び日常語からの一般人のための人生案内編

「名言」「金言」――一般人にとって、名言や金言ほど、ありがた迷惑なものはない。

なぜなら、それは、結局のところ、運がすこぶる良かったがために、有名人、偉人、英雄となった連中の言葉であるからだ。

彼らはそろいもそろって、自分が運が良かったなどとはつゆほども思っておらず、すべて自分の実力、才能によってそうなったと信じて疑っていない。

そもそも、名言、金言とは、その人物の成功や勝利が担保となって、何とでも言える資格を得たことによって吐かれた言葉である。

そんな幸運の欠落した名言や金言は、だから、有害そのものであると言わなければならない。早い話、名言や金言は、功成り名を遂げた者に許された自慢話なのである。

したがって、そういうものが、一般人にとって、有益なわけがないのである。

＊

名言とは、有名人の言葉の略であり、金言は、金持ちの言葉の略のことである。

したがって、そんな連中のたわ言を、一般人がありがたがることも、マトモに聞くこともないのである。

＊

「人生」――人生とは、己の無力さを思い知りつつ、非情な現実を受け入れ、それと折り合いをつけながら生きていくことに他ならない。

＊

夢がなければ、幻滅しなくてすむ、という。しかし、夢がなければ、生きていくことは辛く苦しく、そして味気ない。

すなわち、人生とは、幻滅することなのである。

＊

生きることは辛く苦しい。この世に生まれてきたときに泣いて、この世から去るときに安らかな顔になるのは、そのことをみごとに証明している。

＊

人生とは、死に至るまでの準備期間のことであって、生きているのは、死にかけていることに他ならない。

したがって、何がもったいないと言って、自分でそれを決めてしまうことである。

＊

一般人の人生は、誰の作か忘れたが、だいたい次の二句で要約される。

「何となく　生きて今年も　十二月」
「来年は　来年はとて　暮れにけり」

「**幸福**」――一度幸せになると、不幸がよりいっそう耐えられないものとなる。幸せを失うことにびくびくしながら暮らすことになる。
そのようなものを、はたして幸せと呼べるのか。

＊

生きていることは、与えられた幸福である。したがって、いかに生きるべきか、幸福とは何か、何のために生きるか、などと理由づけするのは、おかしなことである。

「**人間**」――人間は、そもそも不幸な生き物である。だからこそ、それに耐えられない者は、努力もすれば、自殺もするのだ。

「**成功**」――成功したことによって、後に大失敗することがある。つまり、高い所に登れば、いつか必ず落ちる、ということである。
言うなれば、成功とは、失敗の先送りのことであると同時に、失敗の変種なのである。

「**～さえあれば、他には何もいらない**」――こういうのを、本当の幸せというのである。そして、人生の目的は、～を見つけることにある、と言っても過言ではない。

それぞれの国の幸福度を調べるに当たって、幾つもの項目があり、それらの総合点で、その順位を決めるというのは、だから、おかしなことなのである。

そもそも、幸福は、主観的で、自覚されるべきものであって、客観的な基準では測ることはできない。なぜなら、他人から不幸に見えても、本人にその自覚がなかったら、幸せなわけなのだから。

ところで、幸福な国のトップテンの常連には、社会福祉がもっとも充実している北欧諸国が必ず名を連ねている。

これもおかしなことで、だったら、いろんな項目ではなく、社会福祉関係だけを基にして順位をつければいいことである。

が、それにしても、社会福祉の充実が人間の幸せの実態となっているというのは、お寒いかぎりである。そんなのが、本当に幸福の条件なのだろうか。

と言うのも、国に保証された、言わば、お仕着せの幸せが、幸せになりえるとはとうてい考えられないからである。

だいたい、幸せを客観的に計測できると考えた連中がおかしいのである。いや、おめでたいと言うべきか。

そういう発想をすることこそが、アホの証明なのである。

「**結婚**」——結婚を幸せと同義語としたことから無理が生じて、幸せを感じなくなったとたん、別れ話が持ち上がることになる。

言うなれば、結婚は素晴らしいものだと勝手にハードルを高くしたために、結婚生活がおかしくなったのだ。

結婚しさえすれば幸せになれるのならば、世の中から不幸はなくなってしまう。

そうではなく、結婚があるから、世の中から不幸が永久になくならないのだ。

＊

幸せな結婚が必ずしも幸福を約束するものではないというのは、離婚率が証明している。

＊

結婚とは、新たな未知なる試練の場のことであって、幸せになるためのステップのことではない。

＊

幸せになるために結婚するというのは、人生の邪道である。

なぜなら、未知の不幸を甘受するのが、結婚なのだから。

＊

ドラマで、男が女にプロポーズするときに必ず付随する言葉が「きっと君を幸せにする。約束するよ」である。

これほど、何の根拠もない誓いや約束の言葉もない。

そのときは確かにそんな気持ちであふれていただろうが、あふれているものはすぐにこぼれ落ちて減るものである。

そして、約束は手形と同じで、落ちて初めて現金となる。落ちる前は、ただの紙切れにすぎない。

「夢」——夢は叶う、と言う。が、叶わないから、夢なのである。

叶う夢は、夢ではない。叶うものを、目標と言うのだ。

「安全」「安心」——東日本大震災によって、安全や安心が言葉だけのものであって、実がまったく欠けていたということが実証された。

言うなれば「安全なものに、安全なし」「安心とは、安心できないことである」という句で表されようか。

そもそも、安全や安心の安という字は、安っぽいの安なのである。つまり、安全や安心は安っぽいものだったのである。

安全や安心という言葉に「安」の字を充てた古人は、その本質を知っていたにちがいない。

「子宝に恵まれる」——はたして、子は宝か。大事に育てられ、さまざまな心配を一方的にかけておきながら、するときはきっちり反抗するし、言われなき悪態をつく。

本当に宝であるかどうかは、遺伝よりも運である。

そして、せっかくの宝も、持ち腐れることもある。

＊

宝によって、身を滅ぼした者はたくさんいるわけで、宝であれば、必ずしも良いということにはならない。

「子ゆえの闇に迷う」という句もある。

＊

「**逃避**」——理想や夢に固執するのは、現実からの逃避に他ならない。

人は一生懸命に働き、何かに打ち込みながら生きることによって、空しく、無意味な人生から、逃避している。


「**バカは、風邪をひかない**」——そうではない。病気しないと、人間はバカになる、という意味である。

病気することによって初めて、人間は健康が当たり前ではなく、幸せなことなのだ、とわかる。

風邪のように、誰でも手軽にかかる病気にさえもならない人間は、そのことが理解できないわけで、ましてや病気の苦しさや辛さなどに同情することもない。

これでは、他人への思いやりなど、望むべくもないことになる。

言うなれば、風邪とは、挫折、失敗のことであって、そういう経験がなかったならば、そりゃあ、バカにもなろうというものである。

なぜなら、挫折や失敗以外、何から学べることがあるのか。

つまり、これでは自然と、人間としてバカにならざるをえなくなるのだ。

「言論、表現の自由」――常に弱いところに対して真価を発揮し、強いところへ向かうのは、ごくまれである。なぜなら、反撃を食らうからである。

したがって、徹底的に叩いても、反撃される恐れが小さいとおぼしきところばかりへ、向かうことになるのである。

「才能」と「環境」――どれほど才能に恵まれていても、その才能をまったく生かせない環境にあったならば、何の意味もなく、ただ持ち腐れるだけである。

もし日本かアメリカに生まれていれば、スーパースターになれる素質を持っている者が、野球とは無縁の国に生まれた場合を考えると、理解できるだろう。

「転落の人生」――高い所へ登った者が落っこちるのは当たり前のことである。

それがいやなら、高みを目指さなければいいだけのことである。

だが、登る者は、落ちて大怪我をすることなどまったく考えずに、そして、頂上しか見ずに登っている。

「自殺」――人間は生きているかぎり、常に死と向き合っている。要は、それを認識しているかどうかである。

ベートーベンでさえ、自殺しようと何度も真剣に考えたほどであるし、あのナポレオンは、実際に毒を飲んで自殺した。

ベートーベンは、ギリギリのところで思いとどまった。それは、まだ自分にはやらなければならないことがある、と考え直したからである。

ナポレオンは、飲んだ毒の量が少なかったか、有効期限が切れていたかしたため、その効果が減じていたことで、結局、死ななかったのである。

そんなわけで、一般人が自殺を考えたり、しようとするのは、べつに異常なことではない。

つまり、一般人が生きているのは、その一歩半か二歩手前で踏みとどまっている、ということなのである。

そりゃ、そうだろう。いやな世の中を真面目に生きていこうとすれば、ついつい死にたくなるのは、ある意味、自然なことである。

「**友だち**」――国民が国民以上の政府を持ちえないように、人間もまた、自分以上の友だちは持ちえない。

したがって、友だちが多ければ多いほど、人間のレベルが低い、ということである。

「**親バカ**」――親のバカほど、ありがたいものはない、と言う。だが、それは親に恵まれた、幸せ者である。

バカ親を持った子は、一生の半分以上は悲惨なのだから。

「**本当のこと**」――本当のことが言えるのは、酔っ払いと子供と、そしてバカだけである。彼らは、言ったことに対して、まったく責任がない。

「**不運**」――不運は当てにしなければならないが、幸運は当てにできない。

「**地球**」――地球という惑星にとって、最悪最強の敵は、人類である。奴らは存在したときからずっと地球をハカイしてきた。奴らの歴史は、そのまま環境ハカイの歴史でもある。

本当に心から地球のことを考え、愛すると言うのなら、人類は口先や態度ではなく、行動でそれを示してくれ。

すなわち、絶滅しろ。

＊

人類の一方的なハカイ工作に対して、地球はただ黙って耐えてきたわけではなかった。黒死病《ペスト》で、ヨーロッパ人を激減させたし、スペイン風邪でも、第一次世界大戦の戦死者以上の死者を出した。

そして最後の手段が、エイズであった。

唯一の繁殖手段である性交という人類の急所を直撃したのだから。

ところが、人類はしぶとかった。何とかエイズを乗り切った。

こうなっては、もう地球に打つ手はなかった。あとは、核戦争を待つだけとなった。

しかし、それでは、共倒れとなって、地球自身をも滅ぼしかねない。

やむなく、地球は、ゲリラ戦を展開した。

すなわち、それが、異常気象や地震台風などによる自然災害なのである。


「幸福の条件」――人が本当に幸せとなるための絶対十分条件は、ただひとつ。

それは、不幸に対して絶対的に不感症となることである。

＊

人の幸せの多くが、他人の不幸に基づいている。と言うより、他人の不幸に基づかない幸せが、どれくらいあるだろうか。

「最高の生き方」――それは、蝉のように、その死の瞬間まで、ひたすら鳴き続けることである。


「生きている充実感」――苦悩したり、困難にぶつかったときにしか生じない。

楽に生活しているところに、生きる張りは生まれない。


「志」――本当の志は、幾たびかの挫折や失敗くらいでは、決して失われないものだ。

もし、失われたなら、それは、志ではなかったのである。

恋愛についても、同様である。

「**純愛**」——わけのわからぬ年端のいかない若い連中の遊び事ではなく、長い人生で築き上げてきた地位や名誉や財産、そして家族をも投げ捨ててまでも貫こうとする、大人の愛のことである。

「**不幸**」——幸せ、という名のもとに、どれほど多くの不幸が産みだされてきたことか。なぜなら、幸せではない、というただそれだけの理由で、不幸であると決めつけられたのだから。

「**何のために、生きるか**」——これは、思い上がりである。なぜなら、人は何かの目的のために生まれ、生きているのではないからだ。大切なのは、謙虚に、自分はどうして生を受け、生かされているのか、を考えることなのである。

＊

生かされているがゆえに、その命を何のために生かすのか、が人生の命題なのである。生きているのではない。あくまで、生かされているのだ。

＊

「**恋愛**」——ただの偶然を、運命だと勘違いするところから始まること。

幻想と言うよりも、幻覚という症状がもっとも重い病気のこと。

＊

恋愛に理由や説明がつかないのは、だから、仕方のないことである。

憑《つ》きものである。突然、とりつかれ、またいつの間にか、それがおちる。


「**死角**」――見通しの良い道路や交差点で、よく事故が起きるのはなぜか。

それは、そのことによって、かえって気の緩みや油断が生じるからである。

つまり、死角とは、状況にあるのではなく、人間自身にあるものなのだ。


「**不老長寿**」――絶対にありえないにもかかわらず、言葉の存在がそれほど不自然だとは思われていない、不思議な句。

そもそも、長寿とは、老年がとてつもなく長いということであり、また、不老とは、老人となる前に若くして死ぬ、という意味なのである。

したがって、長く生きるためには、いやでも老いなければならないのだ。

では、なぜ、この句が厳然として存在しているかと言えば、それは、ピーターパンが関係している。

ピーターパンは、大人にもならず、ずっと子供のままである。そして、大人になりたくない子供たちのあこがれである。

すなわち、この句は、老人になりたくないという壮年者たちの願望なのである。

しかし、現実は厳しく、「少年老いやすく、学成りがたし」のように、少年でさえ早くに老いる、という恐ろしい句さえある。

長寿は、結婚と同じくらいか、それ以上にめでたいこととされている。だが、結婚と同様に、長寿は悲惨である。

＊

とにかく、体のあちこちにガタがくる。どこかのパーツなど、ガタガタになっている。ある意味、日常生活が苦痛でさえある。否、むしろ、修業の日々であると言っても、過言ではない。

体だけならまだしも、精神的にも退化が著しい。

物忘れがひどくなって、ささいなことにも怒りっぽくなる。体が思うようにならないと言っては、八つ当たりをする。やたらと頑固、依怙地になって、どうでもいいことを押し通す。その結果、家族から総スカンを食らう破目となる。それはまだいい方で、介護される前に、ポックリ逝ってくれればいいと、本心から願われている始末である。

つまり、めでたい、というのは、本当におめでたい人たち限定の言葉であって、そうでない一般人には、無縁のものなのである。

経済的な余裕があろうがなかろうが、老後は、結婚のように、心身共に悲惨なのである。

……何が、めでたいものか。

「経験」――若さと引き換えにして、ようやっと手に入れられものである。

したがって、それに見合うだけの経験を積まなければ、人生で大損することになる。

「ダメ元」――最初からダメだと決めつけて、いい結果が生まれるわけがないし、そんな消極的で不純な動機で、挑戦するのは、相手や対象に対して、たいへん失礼なことだ。

「盗人にも、三分の理」があるのだから、せめて四分の見込みでもって挑戦するべきだ。

＊

これは、卑怯な言い訳である。する前から、正当な言い訳として使っているわけだから。行動するよりも前に言い訳が先行する行為は、初めからしない方がいい。何事も確信が持てないことは、するべきではない。

「おれは、絶対に悪くない」――無責任で、愚劣な奴の常套句。

「客観的」――主観的の一変種のことである。

「あきらめる」――あきらめる行為とあきらめない行為は、決して矛盾しない。

どんな逆境にあっても、志を貫くことは大事であると同時に、先が見えてきたことで、傷口がさらに大きくなる前に、つまり二進《にっち》も三進《さっち》も行かなくなる前に、早々と切り上げる決断を下すことは、それ以上に大事なことである。

山登りがまさにそうである。頂上を目指す強い決意をするよりも、天候の悪化で頂上を目前にして下山する決断を下す方が、はるかにむずかしいものである。ある提督が言った。
「帰ろう。帰れば、また来ることができる」

「国民と人民」——その国のトップを直接または間接に選ぶことができるのを国民といい、トップや代表を一方的に押しつけられるのが、人民である。

「情報」——天気予報と同じで、全面的に信用するのは危険だが、さりとてまったく無視することは、もっと危険である。

「選択」——洗濯と同じである。
微妙な天気のとき、あえてするか、それとも用心して控えるか、それが問題である。

「賢者」——二種類あって、賢者と思われている人間と、賢者という名の愚人である。

「謙遜」——自慢と紙一重、表裏一体。

「裸の王様」——王様が、自分が裸であることに気づかされたのは、子供たちが、裸だと騒いだからである。
もし、大人が同じことを言ったら、王様は絶対に信用しなかったはずである。

なぜなら、大人は、王様に対して、決して本当のことは言わないからである。

世の中、裸の王様であふれているのは、そういうわけである。


「運命的な出会い」——これはずっと後になって、それとわかることであって、出会ってすぐそれと自覚できるのは、ありえない。

そもそも、運命的な出会いからして、めったにあるものではなく、また一般人には、とんと無縁のことである。

＊

それは、ほとんどが、映画や小説などの世界の出来事である。と言うのも、それなしでは、ストーリーが成り立たないからである。

したがって、「運命的な出会い」とは、創られたものなのである。

そして、そういうものに熱狂するのは、現実があまりにも空しく、おもしろくないことを証明している。


「選考基準」——あって、ないようなものである。そしてそれは、あくまで選ぶ側の主観によるところが大きい。

なぜなら、客観的というのは、どこまで主観が排除されているのか、その程度の差にすぎないからである。

つまり、選ばれるのは、よほどのことでもないかぎり、たいてい偶然の結果に他ならないのであって、特にすぐれているからでは決してない。

早い話、選ばれた人物や作品に対して、あんなの、いったいどこが良かったのだ、と思わず口に出して言いたくなる人物や作品が、あまりにも多すぎるのである。


「血液」――これの大きな長所のひとつは、凝固することである。これによって、たとえ出血したとしても、すぐにそこのところを固めてしまい、それ以上の出血を阻止するのである。

ところが、そんな重要な働きが、血管内では、逆に致命的な欠点に一変するのである。

つまり、血栓を作って、血の流れを妨害するのである。

その結果、脳血栓、肺血栓、心臓血栓、エコノミー症候群などをひき起こし、最悪、死に至らしめるのである。

要するに、大きな長所は、大きな短所にもなりうるわけである。


「真逆」――やる前からあきらめてどうする。やる前から出来ないと決めつけるな。何事もやってみなければわからない。――こうきっぱりと言い切った作家がいた。

彼はまた、こうも言った。

なぜ負けるとわかった戦争をやったのだ。何と愚劣なことをしたのか、と。


「バカ」――バカとは、反省も後悔もしないがゆえに、バカなのである。

つまり、すぐれていると言われるバカが、どれほど世の中を毒し続けていることか。

「愚者」——歴史から学ぶ者が賢者で、自分の経験から学ぶ者が愚者である、と誰かが言った。が、それはない。

なぜなら、愚者は自分の経験からさえも学ばないがゆえに、愚者なのであるから。

そもそも、学ぼうという態度や気持ちがある者が愚者であるはずがない。また、学ぶというのは、謙虚さがなければできないものである。

したがって、本当の愚者とは、自分を絶対だと信じて疑わないがために、失敗の責任をすべて他のせいにする者のことである。

「信念」——信念を持たないから、ある程度、自由に物事を考えることができるのであって、なまじ確固たる信念を持っていると、異質な考えを頭から排除したりするという愚を犯すことになる。

つまり、信念というのは、偏見や偏屈の一種なのである。

「無病息災」——これは、ありえない。

人間の抵抗力、つまり免疫力は、病気にならないと身につかないからである。

それに第一、はしかにかからなくて、ずっと息災でいられるわけがないのだ。

「星くず」——くず、という悪い言葉にもかかわらず、良い意味になっている。

それと言うのも、星のすばらしさが、くず、という悪い言葉をみごとにカバーしているからである。

ところが、人間のくず、となると、くずの方が強くて、言葉全体が悪い意味に染まってしまう。

いや、そうではない。くず、よりも人間の方が言葉として勝っている。

したがって、この場合、人間のくず、とは、くずの中のくず、という意味になる。

「**自慢**」——人は、自慢にもならないような、くだらないことをよく自慢するものだ。なぜかと言えば、どんなささいなことであっても、ほめられ、感心されたいからである。

このことは、有名、無名を問わない。むしろ、有名人の方が、それに飢えている。

つまり、有名人にとって、他人からの賞賛は、精神安定剤なのである。常に注目を浴びていなければ、生きている実感がわかないがごとくである。

が、これほど悲しい人間の性《さが》もない。

なぜなら、くだらない人間であればあるほど、その欲求は強くなっていくからである。

「**責任**」——立派なことを言う人間は、その言ったことに対して、責任を持たなければならない。

だが、そんなのにかぎって、無責任な奴、と昔から相場が決まっている。

「チャンス」――何度も訪れているにもかかわらず、それがそうだとわからないから、そのたびに逸することになる。そして、悲しいことに、それすらわからず、自分にはチャンスがない、と嘆いているのが、一般人の証明なのである。

＊

わずか一度のチャンスを、ものにできたことを「幸運」と言い、何度もあったチャンスをことごとく逃したことを「不運」と呼ぶ。

そして、それを、他人事のように「運命」という言葉で済ましている。

＊

チャンスを掴めばそれで十分、とする句がある。だが、それはまちがいである。

なぜなら、チャンスは、それを生かせるだけの才能や知識、理解力を必要とするからだ。

言うなれば、チャンスとはすばらしい異性とのめぐり逢いのようなもので、そんな人と結婚することができて初めて、チャンスを掴んだと言えるのである。

つまり、出会うだけではダメなのであり、チャンスも同じである。

それを見分けられる鋭い嗅覚、及びそれを十二分に生かせるだけの才知があって、初めてチャンスはチャンスとなるのである。

つまり、それらに欠ける一般人にとって、チャンスとは「猫に小判」なわけであり、「宝の持ち腐れ」となるのが関の山なのである。

言うなれば、チャンスとは、お金やお宝と同じように、使い道がわからなかったら、「小人、珠を抱いて罪あり」と同じことになるのである。

したがって、チャンスは、使いこなさなければ、まったく意味がなく、むしろ負担でさえある。

*

チャンスとは、成功したときにかぎって言われる、結果論的な後付けの言葉である。

と言うのも、失敗した者にとって、チャンスはチャンスではなかったからである。

すなわち、チャンスをつかみ、うまく生かせたからと言って、必ずしも成功を保証するものではないのである。

*

一発屋と呼ばれるお笑い芸人たちがいる。

彼らは、ただひとつのギャグで、一挙に売れっ子になったはよかったが、その後、泣かず飛ばずになった芸人のことである。

彼らは、みごとにチャンスをつかみ、うまくそれを生かすことに成功した。

しかし、成功を持続させることはできなかった。

チャンスをつかむは易く、成功を続けるのは難し、ということを、一発屋は教えてくれる。

*

チャンスとは、ある意味、いちかばちかに賭けることである。

そして、もっとも重要なことは、その決断ができるかどうか、なのである。

*

一見、チャンスと見えて、あまりに話がうま過ぎると、実は罠だった、ということがある。

そんな作られたチャンスをチャンスと信じて、一般人はひどい目に会うわけである。言うならば、一般人の一般人たるゆえんは、チャンスをチャンスだと見究める目と嗅覚がほとんど欠けていることにある、と言っていい。

なぜかと言えば、一般人は、チャンスがどういうものかわかっていないからである。

だから、チャンスを見す見す見逃したり、いかにもチャンスと思われるものに、コロッとだまされるのだ。つまり、本物を知らないから、偽物をつかまされるわけである。

偉くなった人間に共通するのは、チャンスをかぎわける鋭い嗅覚を持ち、握ったら絶対に放さず、なおかつそれをうまくモノにする能力に異常に長《た》けていることである。

偉人に、人間的にどうかと思われる人物がいるのは、そのためである。

「**原因と結果**」——成功や勝利はすべてを正当化し、さらに美化される。

それゆえ、成功や勝利が、失敗や敗北の原因となるのである。

あざなえる縄は、禍福のことよりもむしろ、成功と失敗にこそふさわしいたとえなのである。

「**学ぶ**」——人は、失敗から学ぶ。失敗からさえも学ばない者を、愚劣と言う。それは、失敗が自分のせいであると認識できていないからに他ならない。

したがって、「バカは死ななければ、治らない」ということわざが生まれたのである。

＊

人間は失敗から学ぶ。と言うより、失敗からでしか学ばないし、学ぶことはできない。であるにもかかわらず、書店の実用書やビジネス書コーナーに所狭しと並べられているのは、相も変わらず、成功書の本ばかりである。これは、いったいどういうことなのか。おそらく、夢を売っているのだろう。

「**老害**」――独善と傲慢は、一心同体であり、多くの老人にとりついている。これすなわち、老害である。そしてそのきまり文句は、ちょっとした反対意見や、少しでも、気に障ったことに対する、「黙れ!」という一喝である。つまり、自分の言いたいことを一方的に押しつけ、他人の言うことにはいっさい耳を傾けず、それどころか、まったく認めないことである。

「**カラオケ**」――道をはずれた奴にかぎって「マイ・ウェイ」を歌いたがる、とかつて誰かが言った。

この伝で言えば、ダメ人間でありながらもプライドだけは人一倍という奴が「世界でひとつだけの花」を歌い、誰からも相手にされない奴が「昴」を歌う、ということになろうか。どの曲も、自分の欠点を隠してくれ、慰めてくれる歌である。言わば、自慰の歌である。そして、これらの歌が、どれだけ多くの人の心をいやしてくれたか、はかりしれない。したがって、これらの歌がなかったならば、世の中はもっと殺伐としていたことはまちがいない。

「戦争」――「戦争」に行かなくていい年配者たちだけで勝手に決めて、何の利害関係もない若者たちを多く死なせる行為のことである。

「食わず嫌い」――この言葉のように、人間の好き嫌いは、多分に生理的なものであって、その理由を説明するのはむずかしい。恋愛もまた、同じである。

「魔法」――恋に落ちるとは、魔法にかかることである。魔法にかかったから恋に落ちたのか、恋に落ちたことで魔法にかかったのかは、よくわからない。が、確実に言えるのは、魔法はいつか必ずとける、ということである。

「失敗」――人間は病気になることで、体内に抗体ができ、病気にかかりにくい体質になる。失敗も同じである。

「前途洋々」――洋々とは、水が広く大きく満ちている意味だが、それはずばり、大洋という大きな海のことである。つまり、前途に、太平洋のような海が広がっていて、将来が明るく大きく開かれている、ということなのである。

この言葉は、地上の地平線ではなく、洋々という水平線としたところが、ミソである。

と言うのも、海は荒れるものであり、落っこちようものなら、命はない。

したがって、この言葉は、従来の明るい未来を予測したノーテンキなものではなく、その逆の厳しい現実のことを言ったものであり、苦難の道を歩む門出の意味と、とらえるべきなのである。

早い話、将来を嘱望された有為な青年たちが、洋々たる海でどれほど難破、遭難してきたことか。


「ハッピーエンド」――すべてがまるく収まり、誰ひとりとして傷つかず、また、不幸にもならず、めでたしめでたしで終わる、ということである。

そんな、現実ではとうていありえないことが、小説や映画、ドラマでは、まるでそれが当たり前のこととして堂々とまかり通っている。

そして、これが世の中に何の疑問もなく受け入れられている。なぜか。

それは、この言葉のようにならなければ、視聴者がいやされないからであり、納得しないからである。

つまり、それほどまでに、現実はハッピーではないのであり、また、生きていくのが辛く苦しいからなのである。

そもそも、いやし、という言葉自体からして、苦しさや辛さからの一時逃避なわけである。

こんな世の中であっても、それでもハッピーだと言える人は、ハッピーだからではなく、ただおめでたいだけなのである。

＊

ハッピーエンドの物語には、そうなるような伏線が随所に仕込まれている。その最たるものが、絶体絶命のとき、必ず誰か助けてくれることである。言うならば、他力本願である。実際、そうでなければ、ハッピーエンドにはなりえない。

そしてそこから、いい友だちをたくさん持つことが奨励されるのである。が、ここには、大事なことが欠けている。それは、本人が友だちを助けるということが見当たらないのである。

自分が助けてもらうためには、自分が友だちを助けるという行為が前提としてなければならない。

ところが、物語では主人公は一方的に助けられてばかりいる。

そのような、何でもかんでもあなた任せでハッピーになったとして、はたしてそれをハッピーだと言えるのか。そんなものは、与えられたハッピーではないか。

与えられたものは、いつか必ず取り上げられるものである。

＊

本当の意味でのハッピーエンドとは、ハッピーで終わるのではなく、アンハッピーが終わることである。

つまり、不幸からの脱出こそが、ハッピーであり、ハッピーエンドなのである。

なのになぜ、ハッピーがハッピー以上の超ハッピーな存在となってしまったのか。

それは、「シンデレラ物語」に原因がある。

奴隷のようにこき使われ、いつも灰まみれの女の子が、ハッピーになるには、そんな悲惨な状況から脱け出せれば、それで十分ハッピーなはずであった。

しかるに、その女の子、シンデレラは、王子と結婚するという、これ以上望むべくもないハッピーをつかんだのである。

まさに、地獄から天国への階段を一気に昇りつめたわけである。

「玉の輿に乗る」という句があるが、これは一般的には、普通かそれ以下の女の子がとても恵まれたところのお嫁さんになることである。言うならば、中か中の下から特上へ駆け登ることであって、シンデレラのように、下の下以下からいきなり特上の上へ一気に登りつめることではない。

すなわち、絶対にありえないことが起こったキセキの物語ということで「シンデレラ物語」が成立し、そして世界中の女の子たちから絶大な支持を獲得しているのである。

しかし、そこには、相手が富と権力の象徴である王子であれば、誰でもいい、という女の子たちの不純な動機が透けて見える。

このことは、女の子たちにとっての究極のハッピーなるものが、結局のところ「玉の輿に乗る」ことである、というのを如実に証明している。

ところが、である。シンデレラがシンデレラであったのは、奴隷のような人間以下の生活を強いられていたことが、その大前提となっているのにもかかわらず、世の女の子たちは、そんなことはいっさい無視して、ただひたすら白馬に乗った王子が迎えに来るのを待っているだけなのである。

本当にハッピーになるには、シンデレラとまでは言わないが、試練や逆境に耐え忍び、それを乗り越えなければならないのである。

「シンデレラ物語」が本当に主張したかったのは、そこなのである。

＊

物語のほとんどは、このためだけに存在している、と言っても過言ではない。

こうでなければ、物語にはならないし、物語として成立しないがごとくである。

そのため、作者は、こうなるまで、強制的に無理矢理、終わらせないのである。

とにかく、何が何でもこうならなければならないかのごとくである。

＊

これが、歴史上の人物を主人公とする物語となると、そうはいかない。

たとえば、吉川英治氏と司馬遼太郎氏の「太閤記」は、どちらも秀吉が太閤となる前で終わっている。（だったら、太閤記ではないではないか）

と言うのも、もし太閤となるまでを描いたならば、物語が破綻するからである。なぜ破綻するかと言えば、秀吉がまったくの別人となってしまうからである。だから、別人となってしまう以前で打ち切らざるをえなかった。

すなわち、途中まではすこぶる順調で、ハッピー全開で快調に飛ばしていたものが、突然変調をきたしたため、これ以上走り続けるのは困難となったものである。

では、なぜ「太閤記」を書いたのか。

おそらく、力技でもって、ハッピーエンドに持っていく自信があったからだろう。

だが、日本を代表する二人の文豪の力をもってしても、黒を白と言いくるめることができなかったがために、いやでも尻切れトンボで終わらざるをえなかったのである。

何を言いたいかと言えば、実在の人物では、ハッピーエンドとはいかない、ということである。所詮、それは架空のことなのである。

＊

物語は、基本的に、性善説ならぬ、ハッピー説で貫かれている。

具体的に言えば、人生はすばらしいもの、ということなわけである。

また、映画の宣伝の謳い文句で必ず言われるのが、感動的な作品、である。

しかしながら、ハッピーも感動も、長く続くものではない。童話のように、その後ずっと幸せに暮らしました、で終わることはめったにあるものではない。

言うなれば、本当のハッピーエンドとは、ハッピーになって死んでしまうことである。

赤穂浪士は、討ち入って本懐を遂げた後、一人を除いて全員が切腹したからこそ、忠臣蔵としてみごとに成立したのである。もし生き残って、そのうちの何人かでも不祥事を起こしたとしたら、忠臣蔵の看板に傷をつけることになったはずである。それがなかったから、忠臣蔵は永遠の命を保っているのである。

よく言われる言葉に、こんなのがある。

「いいときに、死なれた……」

たとえば、太平洋戦争を知らずに、あるいはその敗戦を知らずに死んだ人は、二つとも知った人に比べ、はるかに幸せであったと言える。ましてや、戦場で地獄を体験した人たちをや、である。


「人間万事、塞翁が馬」という。何が幸いするか、わからないという意味である。

実際、それが人生というものであろう。

ところが、ハッピーエンドにはそれが欠けている。誰もがハッピーと思っていることで終わるのが、ハッピーである、と。

＊

「**鉄の団結**」――もっとも強い絆で結ばれた組織のことを、特にこう呼んでいる。

だが、鉄とは錆《さ》びるものである、という重大なことが、この言葉の意味から欠落している。

それに、けっこう燃えやすい金属でもある。

つまり、どんなに「鉄の団結」を誇っても、いつか必ず腐食して、バラバラになるものだ、というもうひとつの裏の意味があることを、知っておくべきなのである。


「**信じる**」――疑わないことではなく、考えないことである。または、物事を深く考えたり追及するのがおっくうな状態のことを言う。

「**信じられない**」――これが口グセの人は、物事を理解する能力が決定的に欠けているか、ただ単に、頭が悪いだけである。（たまに、カマトトぶって、わざと言うこともある）

「うつ病」——チェーホフの言葉に「神経症の患者が増えたのではない。神経症に詳しい医者が増えたのだ」というのがある。

つまり、うつ病もずっと昔からあったのである。ただ、昔は、なまけ病と呼ばれていた。そして、ダメ人間の烙印を押されたわけである。

ことほどさように、この国では心の病気に対する偏見が根強くあった。それによって、うつ病がさらに悪化するという悪循環に陥ることになった。

その結果、年間三万人もの自殺者を出す原因のひとつとなっている。

＊

うつ病は、それだけで独立した病気ではない。その前提がある。それが、そう病である。

とにかく、わけもなくやたらと元気で、テンションが高く、周囲にも「のっているかい。イェーイ」などと明るさを振りまく。これが、そう病である。

その反動として、うつ病があるのだ。

うつ病は、そう病と正反対で、ただただ、やたらと沈み込み、テンションは低いというよりもないに等しく、周囲との接触をいっさい断って自分一人のカラに閉じこもり、暗く無口になる。と言うより、生きていることがイヤになった心境で凝り固まった状況のことである。

つまり、そう病があるから、うつ病があるわけである。

したがって、うつ病にならないためには、そう病、言わば、そう状態を極力抑制することが必要である。

たとえば、興奮したり喜んだりして、はしゃがない。テンションを上げない。明るさや元気の良さを前面に出さない。もっとも有効なのは、坐禅を組むことである。

要は、心を常に平静に保つことである。それともうひとつ、予防接種をすることだ。

予防接種とは、軽いうつ病になることである。

「あぁ、いやになっちゃう」とか「ヤル気が出ないなあ」とか、日頃からつぶやくのである。言うなれば、軽いうつ病となることで、深刻なうつ病を回避するわけである。

ともかくも、うつ病が多いのは、それだけ無理して明るく元気にがんばって生きていかなければ、とてもやっていけないこの国の、ある意味、風土病みたいなものである。

「恋」と「愛」――このふたつは、同じようで微妙な違いがある。それでいて、ふたつが合体すると「恋愛」という絶対的な句となる。そんな、まことに不思議な言葉である。

初恋はあるが、初愛はない。失恋や悲恋はあっても、失愛や悲愛はない。老いらくの恋はあるのに、老いらくの愛もない。恋の病や恋わずらいはあって、愛の病や愛わずらいはない。恋文と言うのに、愛文とは言わない。人に恋路はあるが、愛路はない。

逆もまた幾つもある。

熱愛はあるのに、熱恋はなく、溺愛はあっても、溺恋はない。最愛と言うのに、最恋とは言わない。純愛があって、純恋もなく、愛妻家がいるのに、恋妻家はいない。

つまり、「恋」とは、だいたい男女間限定であるのに対し、「愛」は、人類愛、博愛などのように、男女間にかぎらず、広い意味で使われているわけだが、ひとつの傾向がある。

それは、恋には、悪い形容詞がつくのに、愛にはそれがないのである。

その代表例が、「失恋」、「悲恋」である。「恋」とはすばらしいものだが、その分、うまくいくことはまれである。そして、道ならぬ「恋」もあったりする。

すなわち、「恋」するとは、失ったり、悲しかったり、人の道からはずれたりすることなのである。

これを象徴するのが初恋で、またそれは、甘酸っぱい思い出でもある。

＊

「愛」には、悪い形容詞はつかないが、例外もある。

「愛の喜び」の訳詩に〈愛の喜びは束の間にして、愛の苦しみは永遠に続く〉とある。

ただ、この愛は、明らかに恋のことである。が、恋の喜びや恋の苦しみでは、ぴんとこない。やはり、愛でないと、喜びや苦しみが伝わらない。

言うなれば、愛は、恋に比べて深いということである。

恋の喜びの場合、若者たちがただ浮かれているだけの印象があるのに対して、愛の喜びには、何か大人の信頼関係に基づいたしっかりしたもの、という感じがする。

それで、恋の苦しみは、どこか軽いのに、愛の苦しみには、生死に関わるような切実な苦しみ、という印象が強く感じられるのだ。

つまり、恋の病《やまい》は、所詮、はやり病にすぎず、そのうちに治るものだが、純愛、熱愛となると、同じ病気でも、死に至る大病なのである。

早い話、恋を浮気と仮定するなら、愛は、本気である、ということだ。

したがって、恋の苦しみはいつしか思い出に変わるが、愛の苦しみは、永遠に続くことになる。

何れにしろ、恋や愛はすばらしいものだけに、それ相応に苦しく辛いものである。

＊

恋心、愛情、と言う。

恋に心があって、愛の方に情があるのは、逆ではないかと思う。愛に心があって、恋は情ではないかと思う。が、恋情とか愛心などとは言わないから、やはり、こうなのだろう。

なぜなら、心変わり、と言うからである。

つまり、心とは、よく言われるようにすばらしいものではなく、気まぐれなものなのである。

したがって深い愛情があって、深い恋心がないのは、恋の方が愛よりも浅いからである。

その点、「悪女の深情け」というように、情けは、長く深く、そしてしつこい。

そんなわけで、恋心はあっても、愛心がなく、愛情はあるのに、恋情がないのである。

早い話、恋心で結婚した夫婦は、別れるとき、意外とさばさばしているが、愛情で結婚した夫婦は、逆に、ドロドロした離婚劇を演じる破目となるのである。

つまり、それだけ情が深かったという何よりの証明となる。

したがって、恋はあっさり味、愛は、こってり味、と言うことができる。

「人生、山あり谷あり」——スピーチでよく耳にする言葉である。

要は、人生は厳しいと言いたいだけであって、それを山と谷に仮託したものである。

とは言うものの、人生を山と谷だけで要約し、言い切ってしまうとは、これほど乱暴なことはない。

なぜなら、平野や野原、高原があれば、海辺も河原もあるわけで、世の中には厳しい自然しか存在しないわけではないからである。

そもそも、山や谷にもいろんなところがあり、ひと言で、山とか谷とか言い尽くせないものである。

たとえば、山にも日本一の富士山から、地元にあるかないかわからないような低山まで、実にさまざまな山々がある。

したがって、本当に人生の厳しさを伝えたいのであれば、「人生、北アルプス、中央アルプス、南アルプスの峰々があり、それらの狭間には深く長い切り立った谷がある」と具体的に言い換えるべきである。

それがそうでないのは、この句が人生の厳しさを表したのではなく、単に、人生いろいろ、と言いたかっただけのことだからである。


「仮面」——昔のヨーロッパでは、仮面舞踏会が広く行われていた。仮面をして素性を隠すことで、貴族や貴婦人たちが気ままに踊ったのである。

そして、日本では、仮面夫婦なる人々がいる。これは、家庭に仮面をかぶせているもので、正確に言えば、仮面家族である。

さて、仮面夫婦であるが、実質、夫婦ではない夫婦のことで、仮面をかぶることによって、素性ならぬ実態を隠しているわけである。

外からは、とても仲の良い、暖かい夫婦円満と見せておいて、家のドアが閉まるやいなや、一転して冷凍庫の中に入ったように冷え切っている、ということである。

これは、まことに複雑怪奇な人間関係の縮図である、と言っても過言ではない。あるいは、タテマエとホンネの典型とも。

そして、こういうことで世の中がうまくいっていることも、また事実である。ここから、「ウソも方便」なる使い勝手のいいことわざが生まれたのだろう。

つまり、世の中は、仮面とウソによって成り立っているのである。

「ガラスの靴」――シンデレラのキーワードは、玉の輿ではなく、「ガラスの靴」である。

あれは脱げたのではなく、脱げたことにしてわざと置いてきたものである。

つまり、王子と踊ったという唯一の物証を残したわけなのだ。

なぜかと言えば、それを手掛かりとして、自分を捜し出すよう仕組んだのである。

どうして、そんなまわりくどいことをする必要があったのか。

それこそが、シンデレラの目的に他ならない。すなわち、自分を高く売るためである。

相手は、王子である。この国の次期トップになる男である。それほどの男が必死になって捜し求め、結婚したいと熱望し、執念を燃やすほどの女である、ということを国中に知らしめることが、身分の格差を埋めるもっとも有効な手段だからである。

王子が、ガラスの靴にぴったりの女の子と結婚する、というあまりにも無謀と言える告示を国中に出したとき、シンデレラが直ちに応じなかったのは、そんな下心があったことを証明している。

もし、待ってましたとばかりに、すぐに名乗り出たら、ずい分と安っぽい女だとみなされるのは目に見えている。そう、シンデレラは、すべて計算づくだったのである。

そればかりではない。自分自身と自分の美貌に絶対の自信があった。王子が自分を一目見ただけで、自分の虜《とりこ》にできる、という確固たる自信が。

この自信なくして、またその事実なくしては、シンデレラ物語は成り立たない。

したがって、シンデレラは、白馬に乗った王子が来るのをただ待っていたのではなく、必ず来るよう、策を施して、今や遅し、と待ち構えていたのである。

＊

差し出されたガラスの靴に、シンデレラがそっと足を入れると、ぴたりと収まり、その場にいた人々がみんな驚く、というのは、シンデレラ物語のクライマックスにふさわしい劇的な場面である。

これを演出と言わずして、何と言おう。

そんなわけで、魔法使いのおばあさんやかぼちゃの馬車、それに豪華なドレスなどは、はっきり言ってどうでもいいことである。

つまり、もっとも重要なことは、一目で王子を夢中にさせたほどの美貌なのであって、ドレスがどんなだろうが、ついでみたいなものにすぎない。

ともかくも、シンデレラ物語が成立する必要かつ十分条件は、飛び抜けた美貌と、それを最大限に生かした策略と演出なのである。

白雪姫や眠り姫は、もともとお姫様であって、自分で何かを考えたり、何かをしなければならないことは、ほとんどなかった。

しかし、シンデレラはそうではない。人の心を読み、あらゆることに考えをめぐらさなければ生きていけない境遇にあったのである。

すなわち、女性は美しいだけでは、そして、いつ来るかもわからず、本当に来るかどうかもわからない白馬に乗った王子を、ただ待っているのではダメなのである。


『走れメロス』――太宰治の感動作であるが、感動したのは、事情のすべてを知っている読者だけである。

なぜなら、メロスがどんなに苦労して、自分の来るのを祈るような思いでひたすら待ち続けている友だちの許へ、命懸けで駆け込んで来たということを、メロスを待っていた連中は誰一人知らないからである。

彼らが知っているのは、メロスが約束したギリギリの時刻にやって来て、身代わりとなった友だちと、お互いにすまんと言い合ったことだけである。

ただこれだけのことで、何も知らずに待っていただけの連中が、何を、どう感動できると言うのだ。

彼らは、メロスがギリギリになって来た理由をいっさい知らないのだから、感動のしようがない。

結局、すべてを知っている読者だけが感動させられて、勝手に自己満足したにすぎないのである。

それに何より、約束の時刻より余裕でやって来られた日には、感動も何もあったものではないわけで、したがって、『走れメロス』は、読者に無理矢理、感動を押しつけた作品であると言うことができる。

「誰が言ったのか」――「友情の多くは見せかけであり、恋の多くは愚かさにすぎない」

これが私の句であったら、かなりの批判が起こることだろう。何を偉そうに、または、おまえはそんなに偉いのか、などと。

だが、実は、シェークスピアの句なのである。

すると、一転して、うむ、なかなか人間の機微をうがった鋭い句だ、と多くの人たちが感心するはずである。

何が言いたいか。それはつまり、重要なことは、何を言ったかではなく、誰が言ったのか、なのである。

どんなにすばらしい句を残しても、しがない人間だったら、誰も見向きもしない。ところが、誰でも口にするような平凡な句でも、功成り、名遂げた人が言うと、それだけで、金言や名言に祭り上げられることになるのだ。

かくして、書店には成功した人たちの本が並び、彼らを招いたセミナーや講演会が盛んに開かれることになった。

シェークスピアには、世界の文豪としての名も実もあるが、現在の成功者に、はたしてどれほどの実があるのだろうか。

なぜなら、「勝敗は時の運」というように、成功の多くは運が良かった結果なのだから。


「謙遜」――美徳とされている。その多くは、言葉使いと態度に反映され、日本人にとって、半ば習慣となっている。言わば、常態化しているのだ。

と言うのも、「謙遜」しない人間は、世間から無視、あるいは排斥されるからである。

特に芸能界では、この傾向が強い。早い話、「謙遜」することを怠ったため、芸能界から干された芸能人やタレントがけっこういるのだ。

そのため、大御所と言われる人でも、腰が低く、常に敬語や謙譲語を使うことになる。

しかし、習慣となっているものは、はたして美徳なのであろうか。

ただ単に、世の中を生きていく上での、最低限の常識にすぎないのではないか。

それにつけても、いつも辞を低くしてへりくだらなければうまく生きていけないというのは、何か切ない。

＊

習慣とは、所詮、形式にすぎず、実がほとんどないものである。

本当に、心から「謙遜」しているのなら、無理にわざとそうする必要はないわけで、そんな気が初めからないから強いて「謙遜」する態度や言葉使いをせざるをえないのだ。

つまり、「謙遜」とは、仮面なのである。

「仲人《なこうど》」――仲人が新郎新婦を紹介するときの口上はいつも同じである。

つまり、二人は善男善女であり、共にすぐれた資質に恵まれ、すばらしい両親の許で清く正しく育ってきた、などと言うのが、恒例となっている。

仲人のそんなヨタ話を聞いていつも思うのは、ならばなぜ離婚が絶えないのか、ということである。

また、そんな善男善女ばかりであったなら、警察は必要ないだろう、とも。

だが、それは、たとえ善男善女であり、すぐれた資質があったとしても、結婚生活を長く続けていくことは、かくもむずかしい、ということなのである。


「幸福」――以前、世界で一番幸せと言われる国の国王夫婦が来日した。

何を基準にして誰が勝手にそう決めたのか知らないが、このとき、バルザックの言葉が思い浮かんだ。

「人の人たる所以《ゆえん》はおそろしい。人の幸福で何かしら無知に基づかないようなものは、ひとつとしてない」

また、「知らぬが、仏」とも言う。

言うなれば、幸福の条件の最たるものは、無知であり、深刻な問題にノータッチであることなわけである。

つまり、おめでたい人間は、みな幸せなのである。

他に、こんな言葉もある。

「肥え太った幸せな豚となるより、やせたソクラテスたれ」

本当に幸福であることは、なかなかむずかしいようである。


「失恋」――「去る雲を追うことなかれ、出る月を待つべし」という句がある。

そう、要は、待つことである。自分を受け入れてくれる人を。

去ったり、逃げていく人を追うことに精力を注ぐのは、だからムダなことである。

しつこい奴は、誰からも嫌われるものだ。

＊

イソップ物語に『キツネと酸っぱいぶどう』の話がある。

キツネは高い所にあるブドウを取ろうと悪戦苦闘したが、結局、取れずにあきらめた。

そのとき、キツネは、こう言った。

「あのぶどうは、きっとものすごく酸っぱいぶどうなのだ」

おそらく、その確率は、五分五分のはずである。なぜそう言えるか。

それは、付き合っている恋人たちや、めでたく結婚できた夫婦の多くが、日々別れたり、離婚している現実からもわかることだ。

恋愛とは、結局は、選択のことであって、最善の選択が必ずしも最善の結果をもたらすとはかぎらないのである。

したがって、失恋とは、選択肢がひとつ消えたことにすぎないのである。

これほど辛く、悲しく、そして悔しく、腹が立つものは他にない。

愛する人から一方的に拒絶されるのは、人間性まで否定された、ということでもあるのだから。

＊

その人に向かって「いったい自分のどこがいけないのか」と叫びたい衝動に駆られるほどの衝撃が、失恋にはある。

つまり、たった二文字であっさりと済まされたくないのが、失恋なのである。

ましてや、断られることは万に一つもないと確信をもって告白して、「ごめんなさい」と言われた日には、人格が崩壊するか、軽く一週間は寝込まねばならないほどの衝撃がある。

であればこそ、告白するのには、そんな恐怖に打ち克つほどの勇気がいるわけである。大げさに言うと、いちかばちかの大勝負なのである。

しかし、だからと言って、告白が受け入れられたとしても、はたしてそれが本当に良かったかどうなのかは、また別問題である。

ただ、衝撃が先送りされただけだった、ということもあるのだから。つまり、こんなはずではなかった、と深刻に後悔することもあるわけである。

要は、得ようが、失おうが、恋はままならない、ということである。

＊

立ち直れる（かもしれない）ひとつの方法に、杜甫の詩がある。

それが「国破れて、山河あり」である。

恋に破れても、自分という人間は、以前と変わらず、存在している。心は傷ついたかもしれないが、ちゃんと生きている。こんな風に、自分を慰められることである。

日本は戦争で国土が焦土と化すほど、徹底的に敗れた。だが、それでもみごとに復興をはたしたのである。

失恋によって、心は焦土となったかもしれないが、サラ地になったと考えればいいのであって、また何かを建てればよいのだ。

口で言うのは、簡単だが、なかなか立ち直れないのが、失恋である。恋に効く薬がないように、失恋を治す特効薬もない。

ただひとつ言えることは、どうにもならないことは、がまんしなければならない、というあまりにまっとうな気休めだけである。

＊

恋を得ようとして、それに失敗したのが、失恋である。

ということは、損得勘定においてはマイナスではないことになる。元は元のままで、ただ増えなかっただけなのだから。

しかし、失恋は心の問題である。恋を失うとは、心に大きな穴がポッカリと開くことに他ならない。したがって、重要なのは、その穴をどうやって、何で埋めるか、なのである。そんな効果のある解決法があるのか。……ないこともない。

それは、断られた相手よりもずっといい人を見つけることである。あのとき失恋して本当に良かった、と心から言えるくらいの相手を。

とは言うものの、これは、非常に現実的ではない、という憾《うら》みがある。

*

ある目的や目標を実現するために、たとえ何度失敗しても、そのたびに再チャレンジできるのは、たいへん恵まれていることである。

なぜなら、恋愛に関しては、ほとんど不可能だからである。言わば、一発勝負。相手にも考えや好き嫌いがあるわけで、こればかりはどうしようもない。そして、どうしようもないがゆえに、失恋するわけである。

つまり、相手のあることで何かをするのは、非常にむずかしいのである。

一度や二度、拒否されたくらいであきらめるとは、おまえの熱い想いはそんなものだったのか、などと知ったようなことを言う人間が必ずいるものだ。

だったら、逆の場合はどうなのか。好きでもない相手から、めげずに何度もアタックをかけられて、仕方がないとあきらめて承知できるのか。

言うなれば、いさぎよくあきらめるのは、自分のことより、まず相手のためなのである。相手がいやがること、迷惑なことをしないのは、失恋させられた者の義務なのである。そんな行為をすることで、相手を不幸に陥れるのは、それは恋心でも何でもない。

そもそも、恋愛とは、自分も相手も共に幸せな気持ちになれることであって、自分だけ幸せな気持ちになればそれでよく、相手がどんな気持ちでいるかなど、どうでもいいことではないはずだ。

失恋とは、自分は不幸になったが、相手は不幸にならなかった、ということなのである。

したがって、恋愛の本当の意義は、相手を幸せにすることなのであって、本人は、その手助けをしているにすぎないのだ。

すなわち、相手から、あんたの手助けはいらない、と告げられた行為が、失恋なのである。

＊

大げさに言うと、人生のひとつの目標を、一瞬にして失ってしまうことほど、恐ろしいものはない。

なかには、九十九回目のプロポーズのように、めげない人もいるようだが、たいてい、めげるものだ。最悪、トラウマとなって、二度と異性を好きになれないこともある。

ただ言えるのは、世の中に、バラの花は一本しかないわけではなく、またバラ以外にも可憐できれいな花は他にもたくさんある、ということである。

＊

結局、最後は、自分を振るほど、人を見る目がまったくない相手を、一方的に好きになった、そんな自分が愚かだったのだ、とあきらめるしかないのである。


「沈黙」——自分の無知を隠す、もっとも有効な手段。

「忍耐」——自分の無能を隠す、もっとも有効な手段。

したがって、「沈黙」は金ではなく、「忍耐」は美徳でもないのである。

すなわち、黙ったまま何もしないという、無為無策の別称なのである。

「**プライド**」——プライドが許さない、プライドが邪魔をする、という言い方をする。

ある映画のセリフに「プライドは傷つくだけの、厄介なものだ」というのがあった。

まことに、その本質をみごとに言い当てている。

プライドには、二種類ある。

ひとつは、過去の栄光によるもので、もうひとつは、何の根拠もないもの。

つまり、誰でも持っているものが、プライドなのである。

にもかかわらず、生きていく上で、これほど意味のないものも珍しく、それどころか、これほど生きるのに邪魔なものはない。

そうは言っても、誰もが持っているというのは、人間として欠かせないものだからだ。

なぜなら、そう考えないと、賢者も愚者も等しく持っていることの説明がつかないからである。

言うなれば、あっても困るし、なくてもまた困るものなのだ。

まことに、厄介なものである。


「**虚栄心**」——プライドと同様に、厄介な代物であり、また誰でも持っている。

人はなぜ、実際以上に自分を見せようと努力するのだろうか。

やはり、賞賛されることに飢えているから、としか説明のしようがない。

見栄を張ったところで、それで実力が上がるわけでも何でもないのに、またバカにされるのがオチだとわかった上で、それでも自分を飾ることを決してやめようとしない。

特に、女性がそうである。（※ただし、あくまでも身内の話）服で装ったり、化粧してもするだけムダな女性も、しない方がかえっていい女性も、それから後期高齢者の女性も等しく、一生懸命に見栄を張ろうとする。

おそらく「（ムダと）わかっちゃいるけど、やめられない」という女性の本能なのだろう。持っていてもたいしたものではなく、それどころかお荷物であるのに、これがないと生きていけないというのは、人間の悲しい性であると言える。

プライド同様、本当に厄介なものである。

ただ、世の中から「プライド」と「虚栄心」をなくしたなら、人生は味も素っ気もなくなるだろう。

そして何より、文学が成立しない。

「必要悪」――善悪を超えて、世の中になくてはならない悪いことの意味。また、悪いことではあっても、それがないと社会が成り立っていかないもの、である。

悪にも、いろいろあるということだが、それにしても、この言葉はすごい。何たって、公認された悪なのだから。

悪がないとうまく生きていけない人生も、どうなんだろうかと思うが、つまり人間は、性悪説なのである。

いや、逆かもしれない。性善説だからこそ、悪を必要とするのだ。

どちらにしろ、確実に言えることは、人間が清く正しく美しく生きていくのは、むずかしいというか、出来ないということである。

＊

必要悪があるからには、当然、不必要善もあるはずである。そして、こっちの方が断然多いと思われる。

言うなれば、きれいごと、がそれである。

正義とか、世のため人のためとか、あまりに立派すぎるのは、目に良く、耳に心地いいだけであって、実態がないのが多い。言わば、選挙公約である。

それに比べれば、必要悪は存在感がある。まさに「憎まれっ子、世にはばかる」である。

「こだわり」――本人にとっては、とても大事だが、他人にはどうでもいいこと。

が、こだわりを持っている人は、幸せである。なぜなら、人は何かに対してこだわりを持つことで、そこに生き甲斐を見出しているわけだから。

「不幸中の幸い」――『ポリアンナ物語』のテーマがこれである。

たとえば、右足を骨折したとする。すると、ポリアンナはこう言うのである。

「両足が骨折しなくて、良かったね」

これを突きつめると、すべてのことは、生きていて良かったね、ということになる。

すなわち、生きていることが幸せなのであり、どんな不幸も、生きている幸せに比べれば、不幸にはならないのである。

そうは言うものの、実際は、人間は生きていることを幸せと思ってもいなければ、感じてもいないからこそ、不幸をそのまま不幸と思い感じている。

要は、本人の受け取り方次第によって、幸せとおもうこともあれば、不幸に沈むこともある、ということなのだ。

＊

この言葉をそのまま解釈すると、幸せとは、不幸の中にある、ということになる。

言うなれば、幸せの青い鳥が身近なところにいたように、本当の幸せは、不幸の中から見出すものである、と。

病気になったとき、つくづく健康のありがたさや、それが当たり前なことではないのに気づかされる。人間、健康であってこその人生なのだ、と。

つまり、不幸になって、初めて幸せの何たるかがわかるのである。

したがって、この言葉は「不幸の中にこそ、幸いがある」と言い換えられるべきなのだ。

「結果を出す（残す）」——結果とは、良い結果のことで、通常、良い、は省略されて使われる。

そいでもって、結果が悪いときは、わざわざ、結果に悪いをつけて、悪い結果と言う。

これからわかることは、人は常に結果を求められている、ということである。そして、どんなに途中経過がすばらしかったとしても、結果が悪かったなら、すべて否定されることになるのだ。

つまり、結果というのは、良いことが当たり前となっている、とてもハードルの高い恐ろしい言葉なのである。

したがって、そんな当たり前なことも出来なかったならば、ダメ人間の烙印を押されることになるのだ。

世の中、実力社会と言われるが、そうではない。実力があっても結果が出せないこともあるわけで、この場合は、結果社会と言い換えるべきである。


「世の中は、月に叢雲《むら》、花に風、想うに別れ、想わぬに添う」——ともかくも、世の中はままならない、という意味である。

したがって、才能が豊かであっても、それを発揮できる機会を逸したならば、ないのと同じであり、美貌に恵まれていても、アホな男しか寄って来なかったら、悲惨な結婚をする破目となる。

つまり、いいことは、それがうまく生かされる条件が揃って初めて、いいこととなるのである。

たとえば、将来を嘱望されたスポーツ選手が、大怪我をして再起不能となった話はよく耳にする。

ところで、この言葉の月や花とは、選ばれたすぐれた人間のことであり、想い想われるのは美男美女と、昔から相場が決まっている。

したがって、これは、一般人には無縁の言葉なのである。

言うなれば、この言葉には、一般人の、有能な者や美男美女に対する怨念が込められていると言っても過言ではない。すなわち、何でもかんでもおまえらの思い通りにいくと考えたら、大間違いだぞ、ざまあみろ、という強烈な怨念が。

「厄年《やくどし》」――つまり、人生には、災難に会う時期が必ずある、ということを予告した言葉である。

これによって、忘れた頃にやって来る災難を日頃から意識できるようになった。

そして、実際、厄年に災難に会ったら、やはり厄年だった、と災難を合理的（?）に解釈できるわけで、たとえ自業自得だったたり、自分の不注意からの災難だったとしても、すべて厄年のせいにできるのである。

つまり、厄年によって、気持ちが楽になれるわけである。

したがって、厄年は、立派な制度である、と言うことができる。

「秘訣《ひけつ》」――成功や長寿の秘訣は何ですか、とレポーターが、当人にたずねる。当人は得々とそれをしゃべるが、どれも秘訣というほどすごいことはひとつとしてない。

当たり前である。単に運が良かっただけのことなのだから。

どうして、ヒマラヤ山脈を飛び越すくらいまで、鳥は高く飛べるのか。

そうではなく、上昇気流に乗っかっただけであって、鳥たちの力ではない、と言うのと同じことである。

セブンイレブンを日本に設立したとき、なかなかうまくいかず、アメリカ本社にきっと何か成功の秘訣があるとにらみ、苦労して社外秘とも言えるマニュアルを手に入れた。

ところが、それを一読した責任者は、がく然となった。

なぜなら、そこに書かれてあったのは、すべて当たり前なことばかりだったからである。秘訣と言えるものは、ひとつとしてなかった。

しかし、彼は、自分たちの知恵と力だけで難局を乗り切るべく、スタッフ全員が一丸となってがんばった。そして、現在のセブンイレブンがある。

成功した人に共通するのは、やはり地道な努力の積み重ねと運なのである。

したがって、世の中のこと、とりわけ、成功に秘訣などない。

「精神を病《や》む」——その典型が、うつ病である。

いろいろ言われているが、うつ病になることは、決して恥ずべきことではない。

なぜなら、いい加減な奴、平気で約束を破る奴、軽薄な奴、無責任な奴、愚劣な奴は、まずうつ病にはならないからである。

つまり、うつ病になりやすいのは、真面目で責任感が強く、何事もきっちりしないと気がすまない人だからである。言うなれば、真正面から人生と向き合って生きているからこそ、うつ病になるのである。

一生懸命に生きなければ、生きていくのがなかなかむずかしく、またそれでも辛く苦しい日本だからこそ、うつ病になる人が多いのも、当然と言えば当然である。

「我が人生に、悔いなし」――人生に悔いのなかった人間は、一人もいない。

したがって、これは、悔いがあったことを呑み込んで、無理になかったのだ、と自分に言い聞かせ、納得させた言葉である。

本当になかったのなら、わざわざ言う必要はないのであり、人に聞かせることでもない。もし、この言葉通りであったとしても、それはただ、悔いたことを完全に忘却しただけのことである。

＊

富嶽三十六景の葛飾北斎は、死に臨んで、「あと十年、いや五年あれば、本物の絵師になれたのだが……」と言った。

そこには、いっさいの妥協がなく、人生そのものを超越している姿がある。

一般人は、たくさんの悔いを残して、死んでいくわけだが、死によって、悔いもまた消滅する。

しかし、偉い人たちの悔いは、たとえ本人が死んでも、立派に悔いとして残るものなのである。それが、偉大であることの証明でもある。

だとするならば、悔いのなかった人生に、たいした意味はない。

「運も実力のうち」――そんなわけがない。だったら、不運も実力に組み込まれなければならないからである。

だが、「不運も実力のうち」とは誰も言わないのはどうしたことか。

おそらく、悲運の名将とか悲劇の名将などと言えなくなるからであろう。

＊

重要なのは、運を生かせることができるかどうか、である。

そのためには、それなりの実力がいる、というのが、この言葉の本当の意味である。

逆に、どんなに実力があっても、運から見放されたら、実力もへったくれもない、ということでもある。

幸運が長く続かないように、そもそも、運は気まぐれである。そんなものが、実力でありえるはずがない。


「選択と後悔」――人が複数のものからどれかひとつを選んだとき、ベストの選択などありえない。もしあったのなら、それは選ぶ以前の問題だからである。

花嫁捜しの舞踏会で、王子はどの娘も気に入らなかった。つまり、選択しなかったのだ。

そこへ、シンデレラが現れた。すると、他の娘には目もくれず、ずっと彼女と踊ったのだ。

早い話、ベストであるものは選択の必要はないのである。

つまり、我々が普段、選択するというのは、選択肢のなかのベストと思われるものを選択する、ということなのである。

言うなれば、選択肢のなかに本当のベストは存在しないわけである。

したがって、我々がベストを選ぶ場合、それは、どれが一番いいかよりも、どれを選んだら、もっとも後悔しないか、が基準となるのである。

　要するに、何を選ぼうが、ベストでないかぎり、後悔はつきまとうものなのである。

＊

「選択」と「後悔」は、切っても切り離せない関係である。言わば、二つでひとつ、なのだ。

かつて、女性を取って王位をあきらめるか、それとも女性をあきらめて王位を取るか、という二者択一の究極の選択を迫られた皇太子がいた。

世紀の恋とか王冠をかけた恋と言われた恋愛事件である。

結局、彼は女性を取って、騒動に終止符が打たれた。

だが、後に、さまざまな報道で、彼が後悔しているらしいと伝えられた。

つまり、彼が選択した女性は、王冠を捨ててまで選ぶほどの女性ではなかったのである。

ならば、彼がその女性をあきらめて、王位を取っていたら、どうだったろうか。

やっぱり、女性をあきらめたことをずっと後悔し続けたはずである。

と言うのも、好きで好きでたまらない女性をあきらめきることは、絶対にできないからである。ずっとひきずるものだ。人によっては、一生涯。

森鷗外の『舞姫』は、まさに、そんな作品である。

そう、愛の苦しみは、永遠に続くのである。ましてや、愛の後悔においてをや。

なかには、わざと最悪の選択をする者がいる。

その代表が、山中鹿之介である。

「我に七難八苦を与えたまえ」とか「憂きことのなおこの上に積もれかし、限りある身の力試さん」と高言した戦国武将である。

マゾだったとしか思われないが、これは、後悔することをまったく無視した選択である。あるがままの辛く苦しい現実を受け入れるだけでは飽き足らず、もっと厳しい試練を課せ、と言っているのだから。

つまり、彼は、イバラの道という一本道をあえて選んだわけであるから、後悔などするはずがないのだ。

早い話、後悔しない選択とは、好きでわざと最悪の選択をすることなのである。


「涙」――その流した分、人間は強くなっていく、という意味の歌があった。なかなかうまいことを言うと感心した。

だが、もしそうだとしたら、泣き虫は、目茶苦茶強い人間ということになるが、そんなことはありえない。

つまり、この歌は、ただの気休めだったのである。


「悲しみ」――悲しみは石けんみたいなもので、同じように、自分を磨ける、という歌があった。なるほど、と思った。

だが、所詮、それは言葉の上でのことであって、実際はそうはいかない。

なぜなら、最愛の人を突然失った悲しみは、生きていく気力を喪失させるくらいの衝撃があるからだ。

あの人のいない人生に、何の意味も、生きる価値もない、というほどの底知れない悲しみに襲われたなら、とても自分を磨くどころの話ではない。

そもそも、悲しみは、乗り越え、克服しなければならないものであり、そこに至るまでどれほどの苦しみをなめることになるか。

それに耐えられず、再起不能になった者もけっこういるはずである。

したがって、この言葉はお気楽に、「悲しみ」とひと言でもって片付けられないほどの深い苦しみに満ちた言葉なのである。


「当たり前」——恵まれていることに慣れてしまった状態のことである。本当は、「当たり前」ではないのだが。


「魔がさす」——歴史的な大事件を起こした人間に共通するのが、これである。

なぜ、あんなことをしたのか、と今もって謎とされているものの動機は、意外とこんなものではないか。言うなれば、気まぐれ、である。または、衝動的にやってしまった、とか。

所詮、人間のすることである。言われているほど、深い意味があったはずがない。

つまり、謎とは、人が勝手にそう思い込んでいるものであって、謎でも何でもないのである。


「感動」——映画や小説などの宣伝でよく耳にし目にする謳い文句である。

ただし、具体的にどういうところに感動したかのコメントはいっさいない。せいぜい、ミーハーが、涙が止まらなかった、というくらいである。早い話、その程度のことをもって、感動というわけである。(感動も、ずい分と安っぽく、また、なめられたものである)

そもそも、「感動」は、本人自身の個人的な問題であって、軽々に人に伝えるべきものではない。そんな口コミで伝わるものは、感動したからではなく、ただ単に、良かったからにすぎない。

なぜならば、これまでの自分自身の生き方や考え方、そして見えている景色までが、まるで違って感じられるという、人をして別人にさせることが、感動だからである。

したがって、口に出せる程度のものは、感動ではなく、思い込みか錯覚と言うのである。

「努力」――成功したことによって、初めて「努力」が報われる。失敗したら、努力が足りなかったから、と言われる。所詮、結果論である。

なぜなら、目一杯努力しても、失敗することもけっこうあるからだ。

早い話、どこまで努力すれば成功し、しなかったら失敗するのか、の分岐点がわからないのが、その本質なのである。

＊

努力は、たいていムダに終わることが多い。しかし、それを承知した上でするのが、本当の努力というものである。

＊

何らかの成果を期待してするのを、打算と言う。

ムダな努力があるのは確かである。

しかし、努力そのものは、決してムダではない。

なぜなら、いつか必ず芽が出るときが来るからだ。（と固く信じていなければ、努力をするのは、なかなか出来ることではない）

「無理」――無理して無理するから、どうかなってしまうのである。

無理しなければならないとき、人は無意識のうちに無理をするものである。

言うなれば、無理なことは、どんなに無理しても無理なのである。

したがって、無理せずに無理することが、本当の無理というものである。（それも、無理なことか……）


「皮」――どういうわけかわからないが、狼は羊の皮を、そして羊は狼の皮を、それぞれかぶりたがるものである。


「器《うつわ》」――戦国時代を題材にした歴史小説では、必ずといっていいほど出てくる言葉である。

「器」が大きいとか小さいとか、その器ではない、などと使われることが多い。

器量とも言うが、はっきり言って、よくわからない言葉の代表でもある。

ただ言えるのは、戦国時代に名将と世評の高い武将は、みな例外なく器が大きい、器量人である、とみなされていることである。

極端な話、戦上手でさえあれば、それだけで器が大きい条件となっているのが、歴史小説界の掟みたいになっている。

逆に、合戦に負けて、早々と歴史の表舞台から消え去っていった武将には、愚劣、暗愚の烙印を押して、さんざんこきおろすのが、通例となっている。

そこには、「勝敗は時の運」などの入り込む余地はまったくなきがごとくである。（まったく、いい気なものである）

もちろん、例外はある。徳川家康である。

彼が勝ったのは、関ヶ原の戦いだけだった。（※大坂の陣は消化試合）小牧長久手の戦いはよくて引き分け、姉川と長篠の戦いは、徳川軍はさしみのつまにすぎなかった。三方ヶ原の戦いをはじめとする対武田戦では負けてばかりだった。

にもかかわらず、彼が、信長、秀吉と並び称される器量人とされたのは、関ヶ原に勝って、天下を取った（盗った）からに他ならない。それすら、裏切りによって辛うじて拾った勝利であった。

したがって、器が大きい小さいはどうでもいいことであって、ただ単に運が良かった悪かったかの結果として、そう言われているだけのことなのである。

＊

首相の器、社長の器、大将の器、天下人の器、という言い方をする。

そこには、生まれながらの、という修飾語が省略されている場合が多い。言わば、初めからそういう星の下に生まれついていたのだ、ということである。

確かに、なかにはそんな人間もいるだろうが、しかしだからと言って、器であるというだけの理由で、首相や社長や大将、ましてや天下人にまで登りつめられるものではないはずだ。

実際に、たまたま偶然、何かのめぐりあわせで、その器とはみなされていない者が、けっこう首相や社長となっているわけで、したがって、器であることは、一般的にその必要条件ですらないのである。

と言うのも、地位がそれにふさわしい人間を作る、ということの方が多いからである。

早い話、器であるというのは、後にそうなった人に対する後付けなのである。言わば、結果論である。

つまり、器とか器量などというのは、歴史作家が勝手にこしらえた、たわ言にすぎない。

「度量」——入れ物の大きさのことであり、これがある人は、何でも受け入れてくれる大人物、という意味にもなる。

が、これもまた、わかりづらい言葉である。

ところで、「度量」は、人間と同義で使われることがある。

つまり、度量が小さいのは、小さい人間で、大きい人間は、度量が大きく広い、というわけである。

その結果、度量のない人間は、小さい奴だと馬鹿にされ、大きく広い人間は、大物感があると賞賛される、という世の中になった。

だが、はたして、そうか。

器が大きく、度量がある人物とされた信長と曹操は、反面疑り深いことでも有名だった。そんな人間の、どこが度量があると言えるのか。狭量だから、疑り深いのではないのか。しかし、歴史作家は、その点を、疑われた相手に問題があったのだと一方的に決めつけ、まったく無視しているのである。

つまり、器が大きい、度量が広い、と言ったところで、要は、御都合主義なだけなのだ。したがって、器や度量などは、説明不要の使い勝手のいい歴史作品限定の言葉にすぎず、たいした意味はないのである。

器が小さくてけっこう、人間が小さくてもけっこう。その方が、大きい振りをしないだけでも、気が楽というものである。（ただし、ケツの穴が小さい、というのは困る。痔になりやすくなるから）

「**大器晩成**」――一般人にも誇りを持たせることのできる、唯一の言葉である。

一般人が大器なわけはないが、こう思い込み、信じることによって、かなりいやされ、慰められることは確かである。

だが、大器であること、大器になることは、そんなにいいことなのか。

大器とはすぐれた人物のことだが、すぐれた人物が大器であるとはかぎらない。

そもそも、何をもってすぐれていると言うのか、はなはだあいまいである。

ただ言えるのは、すぐれた業績をあげたものは、すぐれているということである。つまり、結果論にすぎないのである。

ところで、まったく何の実績もないにもかかわらず、大器とみなされた人物がいた。諸葛孔明である。

彼を得れば、天下を取ったも同然だと言われた。

『三国志演義』は、そんな孔明の実績をもとにして作られた物語である。

言うなれば、すべて結果から導き出して、後付けばかりで構成された話なのである。

したがって、この句は、結果として晩年に成功をかちえた人物のことなのだ。

＊

早い話、生きているうちにたまたま実績をあげた、というだけのことなのである。

すなわち、大器とは、すぐれているというよりも、運と偶然によって、才能が開花したことなのであって、それが遅く訪れたことを、晩成と言ったまでのことである。

＊

「相性」——お互い、どんなに愛し合っていても、「相性」が悪かったならば、遅かれ早かれ別れる運命にある、と言っても過言ではない。

つまり、相性は、愛情にまさる、ということである。

恋愛、好き嫌い、縁などと同様に、説明不可能な言葉である。

日常生活での相性はものすごく良くても、夜の生活の相性が悪いということで、別れた夫婦もいる。

「あんなにもすばらしい奥さん（旦那さん）なのに、どうして別れたのか」という場合、その多くは、相性の問題がからんでいる。

かつて、芸能人や有名人の離婚の理由として必ず言われたのが「性格の不一致」なる言葉であった。

もともと性格が一致する夫婦など存在するわけがないから、この場合の性格とは、相性のことだと解釈するべきである。

つまり、彼らにあっては、熱愛で結婚し、相性で別れるパターンができあがっていたわけである。

＊

相性がいいとは、気が合うことである。

恋愛との決定的な違いは、相手に情を求めず、強制しないことである。

たとえるなら、高級レストランでのディナーを恋愛とするなら、相性は定食屋でのランチ、ということになろうか。

恋愛には、どうしても無理がついて回る。いつもと違う自分を演出しなければならない。

一方、相性は何も飾る必要がなく、いつもの自分でいい。

言わば、フォーマルとカジュアルの違いである。

つまり、恋愛結婚が破綻するのは、無理を通し続けることが困難となった結果なのである。

＊

嫌われるのは、相手にとって自分との相性が最悪なことでもある。

にもかかわらず、自分を毛嫌いしている相手を追い回すストーカー行為が後を絶たないのは、愛情とか相性などではなく、自尊心の問題だからである。深く傷つけられた自尊心に対する、ある意味、やられたらやり返す、倍返しの行為なわけである。

してみれば、愛情より相性よりも、自尊心の方が強い、ということになる。

いや、そうではない。そもそも、恋愛は人間をおバカにするものだが、そういうことに、まったく場違いの自尊心を持ち出すのがおかしいのである。

なぜなら、恋するとは、下僕となることであり、自尊心を捨てることなのであるから。

そして、嫌われたことに対し、強い憎しみを抱くことは、二人の関係は恋愛以前の問題であることを証明しているわけで、いさぎよくあきらめることである。

憎しみのために、一生を棒にふることはない。


「現代の坂本竜馬になる」――ときおり、耳にし、目にする言葉である。

要は、時代を大きく動かすキーマンになる、ということである。

それで、実際の竜馬はどうだったかと言うと、若くして殺されたのである。

しかも、その黒幕が十指に余るというのだから、彼は目茶苦茶、嫌われていたのであり、世の中からもっとも邪魔な存在だったわけである。

すなわち、「現代の坂本竜馬になる」というのは、常に誰からも命を狙われていて、そして若くして死ぬ、ということを意味するのである。

つまり、第二の竜馬を目指すとは、その覚悟があって、初めて言えることなのだ。

だが、この言葉を気軽に口にする輩は、そんな覚悟も何もなく、ただ時代を動かすことしか頭にはない。

そもそも、竜馬が明治時代への扉を開いたわけではない。たまたま、時代が大きく動くうねりの中の現場に立ち会ったにすぎない。

したがって、竜馬が竜馬たりえたのは、運と偶然の絶妙のタイミングによるものだったのである。

だからこそ、竜馬の存在は、奇蹟と言われるのだ。

その後、彼のような人物がひとりも出現しないのは、そう何度も奇蹟が起こらないからであり、また時代が必要としていないからに他ならない。

「命から二番目に大切な物（人）」——ということは、自分の命が一番である、という意味なわけだが、それはありえない。

なぜなら、母親は、子のためなら、どんな危険があっても、自分の命を投げ出してでも、救おうとするからである。

これは、人間の母親にかぎらず、子を持つ母親なら、どんな動物も同じであるはずだ。

あるいは、目の前で溺れる人がいて助けを求めたとき、人は反射的にその人を救おうと水に飛び込むであろう。その人は、自分にとって命より大事な人でも何でもないのに。

つまり、いざというときは、自分の命は、二番か三番、どうかすると四番くらいまで下がるのだ。

本当に自分の命が一番だったら、世の中は最悪なものとなっていただろう。

したがって、世の中には、自分の命よりも大切な物や人が、けっこうあるということを知っておくべきなのである。

言うなれば、命から二番目に大切な物や人は、実際は、そうでもないのである。


「子宝に恵まれる」——不妊で悩んでいる夫婦は多い。そんなところに子が授かったなら、それはもう宝であると言っても過言ではない。

だがしかし、「子ゆえの闇に迷う」とか「親に似ぬ鬼っ子」などの句があり、さらには「産んでくれとは頼んだ覚えはない」とほざく子になった日には「おまえみたいな子に生まれてくれとは絶対に願わなかった」などと売り言葉に買い言葉の関係となって、これでは産まれてこない方が良かった、などと後悔することにもなる。

所詮、親子関係も、人間関係のひとつなのである。

＊

はたして、子は宝なのか。宝によって、身を滅ぼした人間は多い。

また、場合によっては、親によって、宝を腐らすこともある。

早い話、良い子なら、子は宝である。

だが、良い子が必ずしも良い大人になってくれるとはかぎらない。


「逃げるな」「あきらめるな」——この国では、逃げないこと、あきらめないことが、美徳とされている。その積極性が高く評価されるのだ。

ところで、戦前、日本はアメリカとの戦争から逃げなかった。また、特攻攻撃をする破目にまで追いつめられ、負けとわかっても、なおあきらめずに戦い続けた。果ては、一億総特攻のスローガンさえ唱えられもした。

にもかかわらず、戦後、なぜ負けとわかった時点で戦争をやめることができなかったのか、という歴史検証の本が数多く出されている。

＊

何でもかんでも、どんなことでも、逃げなかったり、あきらめなかったら、とてもじゃないが、体がもたない。

ある意味、この二つの言葉は、「バカのひとつ覚え」と言ってもいい。「三十六計、逃げるにしかず」という句もあるくらい、逃げるのは卑怯なことではなく、立派な兵法なのである。また、「あきらめが肝心」とも言って、あきらめる行為は、もっとも大事なことのひとつでもあるのだ。

逃げやあきらめを、自分で勝手に、卑怯、根性なしの証明だと決めつけるから、妙なことになるのである。

「逃げるが勝ち」の句を、改めて見直すべきなのである。

そして、あきらめることの大切さを教えることによって、ストーカー被害をなくすべきなのである。

＊

無理に無理を重ねてがんばった末、肉体的にも精神的にもボロボロになるより、そんな予感がしたら、すぱっとあきらめ、さっさと逃げることである。

何から、と言うと、会社や家庭からである。

身内や世間からさんざん悪く言われたり、白い目で見られても、一時の恥として耐え忍ぶ方が、そのままズルズルと過ごして、最悪の結果を招くより、よっぽどいい。

言うなれば、「決断するは一時の恥、しないのは一生の恥」なのである。

要は、がまんには限界がある、ということであって、そうなる前にあきらめ、逃げた方がいいのである。

「あぜ一重」――あぜ道ひとつ違いの差で、田んぼに雨が降るところと降らないところに分かれる、という意味。

昔話だったら、正直じいさんのところにだけ恵みの雨が降る設定となるはずだが、そんなことはまず、ありえない。

これは、もう運や偶然としか他に言いようがなく、どうしてそうなるのか、説明のしようがない。

そして、言えることは、自然現象は、日頃の行いや人間の良し悪しとは、まったく関係なく訪れるということである。

いや、そうとも言えない。なぜなら、「善人は早死にする」し、「憎まれっ子は、世にはばかる」のだから。

「孤独」――本当の「孤独」とは、孤高のことである。

つまり、周りに人がいないのではなく、自分と同じ高さの人間が一人もいないことである。言うなれば、富士山がそうである。文字通り、孤高である。

富士山は、美しく、立派に見える。だが、実はずっと一人ぼっちで、寂しかったはずである。少しでも風除けになってくれる低い山さえひとつもない。

おそらく、富士山は、三千メートル級の山々が連なる立山連峰がうらやましかったはずである。世界遺産にならなくてもいいから、同じ高さの山々と共にいたい、とずっと願っていたのではなかったか。

だが、それは、無理なことである。なぜなら、日本一の山なのだから。そういう宿命なのである。

このことは、若き天才作家についても言えることである。

『悲しみよ　こんにちは』を、十八歳で執筆したフランソワーズ・サガンが、まさにこれである。

恵まれた家庭で、両親の愛情をたっぷり受けて育ちながらも、孤独だったというサガン。

それは、彼女が天才だったからに他ならない。

そう、天才は孤独なのである。そして、孤高なのである。

富士山は動けないが、人間は動くことができる。

それで、孤独を少しでもまぎらわそうと、ついつい奔放な行動をとってしまう。

したがって、天才に奇行が多いのは、天才ゆえの心の疼《うず》きなのである。そして、すべては、孤独によるものである。

日本の作家では、三島由紀夫が、そうである。

「**美徳**」――美化された徳のことを言うのであって、徳ではない。つまり、ある目的をもとに作られた、たいへんいかがわしいものなのである。

すなわち、どんなものでも、美しいという字が当てられたものには必ず作為がある、ということなのだ。

「**がんばれ**」――この言葉ほど、日本人を苦しめ続けてきた呪文はない。

と言うのも、何事もがんばることが、マトモな人間であることを証明するがごとき風潮の元凶となっているからである。

なぜ、がんばらなければならないのか。なぜ、他人からもがんばれと尻を叩かれ続けなければいけないのか。

人にはそれぞれペースというものがある。所謂、マイ・ペースである。

だが、この言葉は、そんな個人の体調や考えを頭から無視し否定している。それどころか、障害となっている。

そもそも、がんばろうとがんばるまいと、本人の勝手であって、他人から干渉される謂《いわ》れはまったくない。

つまり、余計なお世話とも言うべき言葉にすぎないのである。

なぜなら、がんばれと励まされて、本当にそれが力となってがんばれるのは、才能があるか、強い精神力の持ち主か、体力やスタミナの潜在能力の高い人にかぎられ、一般人にとっては、ただ負担にしかならないからである。

そう、がんばれと励まされても、一般人はそう簡単にはがんばれないものなのである。

＊

何が腹立つと言って、日頃がんばらない奴から、がんばれと励まされることである。

他人を応援する前に、まずおまえががんばってみせろ、ふざけたことを言うな、と。

つまり、がんばれとは、自分にできないことを、平気で他人に強制する、恐ろしい言葉でもあるのだ。

＊

かつてのテレビドラマで「同情するなら、金をくれ」という決めゼリフがあった。

安易にがんばれと声をかける人に言いたい。言う通りにがんばったなら、何かごほうびでもくれるのか、と。そうしたら、一般人も、もう少しはがんばれるはずである。

たとえば、好きな異性からキスしてもらえるとか……。

だが、がんばれと励ます人は、声をかけるだけである。言うなれば、その人は、相手ではなく、自分のために応援しているのだ。

つまり、そうすることによって、自分はいいことをしているという自己満足に浸れるから、やっているにすぎない。

なぜなら、ただであるし、責任はいっさい発生しないのだから、こんなにもお手軽に、いい気分になれるものは他にない、と言っていい。

したがって、がんばれとは、自分の自分による自分のための応援なのである。

＊

がんばれと応援されて優勝でもしたら、その人は必ずこう言わなければならない。いや、言わされる、と言うか、聞くものはそう耳にするのを当然のこととして、待っている。

「みなさんの応援がどれほど力になったかしれません。おかげで、優勝することができました。本当にありがとうございました」

これではまるで、応援されて優勝できなかったなら、応援をムダにしたろくでもない奴と言われかねないコメントである。

と言うのも、優勝した一人以外の選手は、みんなの応援が力にならなかった結果、ということになるわけだから。

つまり、応援している連中は、お気楽でいい、ということである。

＊

すなわち、日本は、がんばらないと、生きていけないか、生きていくのがむずかしい国なのである。そうでなかったならば、毎年決まったように三万人もの自殺者が出るはずがないではないか。

がんばるのが当たり前の国で生きるのは、本当に辛いことである。

「ダイエット」――その昔、女性の魅力は、グラマーなことや巨乳、セクシーさとみなされてきた。

ところが、一九五三年を境にして、そんな価値観が大きく変わったのである。

それこそは、『ローマの休日』のオードリー・ヘップバーンの華々しい登場に他ならない。

まさに、革命であった。

グラマーからスレンダーへ、巨乳から普通の胸に、セクシーさから可憐さへと、美の基準が大幅に広がったのである。

それから六十年以上もの歳月が流れたわけだが、その結果、女性の最大の悩みが「ダイエット」になってしまったのである。

好きなものや甘いものを腹一杯食べられない苦しさもさることながら、食事制限をしなければならない辛さは、想像に余りある。

つくづく、男でよかったと思う次第である。

＊

ダイエットのダイは、死のことである。

つまり、下手すれば、死に至るのが、ダイエットなのである。

スレンダーな体型は、確かに見た目は良いが、現実は、やせっぽちのガリガリである。

オードリー・ヘップバーンは妖精のような美しさであったが、ピーターパンみたいに、ずっと妖精でいられなかったわけで、中年以後の姿は、妖精のなれの果て、であって、見るのも痛々しかった。

ある程度、歳を取ったなら、外見ではなく、中味であろう。

長く維持するのが困難なことに命を懸けるよりも、もっと他のことに熱中するべきである。

「予言」——本当の「予言」とは、誰からもまったく信じてもらえない、そして、絶対にありえないとされることを、予言することである。

それなりの可能性があることを予言するのは誰にでもできるし、それは単なる予想にすぎない。

＊

百個予言したうちの一個がたまたま当たったとしても、それを予言が的中したとは決して言わない。

ただ単に、予感が当たったという、それだけのことなのだ。

「予想」——ゲスの勘ぐり。

「批評」「批判」——ゲスの後知恵。

「後悔」——後悔したくないから、とか、後悔しないために、などとよく耳にする。

そもそも、後悔するって、そんなによくないことなのか。悪いことなのか。

なぜなら、一般人にとっては、毎日が後悔の日々なんだから。

と言うか、後悔こそが、生涯における唯一の道連れなのだから。

「妥協」――一般人の処世。

「生きる」――生きるとは、病気をし、失敗し、事故や災難に遭うことである。それがないのは、生きていないのと同じである。

「人生論」と「恋愛論」――本当にすばらしいことがすばらしいのであれば、「人生論」や「恋愛論」など必要ないのではないか。

「?」――自分のことはすべて自分でやったにもかかわらず、自分さえ良ければそれでいいのかと非難されたので、なるほどと思い、他人の手助けをしようとしたところ、いらぬお節介はするな、と怒鳴られた。

「正義は必ず勝つ」――だが、たとえ正義であっても、愚かであったならば、勝つことはめったにない。

そして、やたらと正義を振りかざすのにかぎって、愚かな人間だと相場は決まっている。

「ただひとつ確実に言えること」――それは、生きているとは、まだ死んでいないことであり、そして死は、突然訪れるものである……。

「ぜい沢な悩み」――食うに困らない者の悩み。

食うに困っていたならば、たいがいのことは悩みではなくなる。

「お金」――精神的に苦しいとき、お金は何のなぐさめにもならない。また、精神的ななぐさめになるものは、経済的に苦しいとき、まったく無力である。

「目からうろこが落ちる」――本来、うろこは目に張り付いているものである。言うなれば、人間はもともと見る目が曇っている、ということなわけである。

だからこそ、人間は、見た目にころっと騙されやすいのだ。

そもそも、曇った目で見ても、人や物の真価がわかるはずがないのである。

したがって、この句は、「目からうろこが落ちるという貴重な経験をした」と変えるべきなのである。

＊

目からうろこが落ちて、よく見えるようになったはよかったが、よく見え過ぎるというのも、ある意味、不便なものである。

なぜなら、人間は良いところよりも、むしろ悪いところが多い生き物であるから、悪いところばかりがやけに目に入ったら、こんな不幸なことはないからである。

そう、真実を知らないか、あるいは真実が見えないことの方が、ずっと幸せなこともあるわけだから。

「人は、ひとりでは生きていけない」――歌の詩になっていたり、ドラマのセリフなどでよく耳にする言葉である。

確かに、その通りである。ひとりで生きていくことは、むずかしい。

だがしかし、それでも人は、ひとりで生きていかなければならない。

いや、ひとりで生きていかなければならないときが、必ずあるはずである。

なぜなら、独居老人の孤独死という切実な問題が、厳然たる事実として我々に切っ先鋭く突きつけられているからである。

そして、自分はそうならないと、いったい誰が自信を持って言うことができるのか。

＊

なぜ、こういうことが言われるのか。

それは、孤独に耐えられない人間が多いからに他ならない。

であればこそ、この言葉によって、そのことを正当化したのである。

そしてそれは、見事に成功した。と言うのも、この言葉に対して、誰も反論する者がおらず、いつのまにか、まるで真理であるかのように世間に堂々とまかり通っているからである。

が、あえて言いたい。ひとりでは眠ることのできない幼児ではあるまいし、大の男が、ひとりではできない、とよく公言したものである。しかも、これって最初から逃げているわけで、そのことに対して、恥ずかしくはないのか、と。

おわりに

身内から、これのどこが「人生案内」だ、とばっさり斬って捨てられた。

全編すべて、難癖、こじつけ、屁理屈、皮肉ではないか、と。

実際、その通りで、持っていても負担でしかない「プライド」や「虚栄心」と同等の「コンプレックス」の、その裏返しがベースにあったことは間違いなかったので、反論はできなかった。

身内はまた、こうも言って、吐き捨てた。

「まったく、偉そうなことを言う奴に、ロクなのはいない……」

これに対して、いや、そうではなく、ロクでもない奴が偉そうなことを言うのだ、と言おうとして、やめた。

これこそは、「さわらぬ神に、たたりなし」であり、「言おうとするは易く、実際に言おうと行なうことは難し」である。

それから、あえて「捕らぬ狸の皮算用」をさせてもらえば、もしこの「人生案内」が好評を博しましたときは、続編を用意しておりますので、そのときも、どうぞよろしくお願いします。

さて、この本を出版するに当たりましては、元就出版社の濵正史氏にたいへんお世話になったことを、ここでお礼申し上げる次第です。

最後に、一般人のための名句を紹介して、ごあいさつにかえさせていただきます。

――才能ある人間が生きるのはなんでもないことなんだよ。宮本武蔵なんて、ちっとも偉くないよ、アイツは強かったんだから。ほんとに「えらい」のは一生懸命生きている奴だよ。江分利みたいなヤツだよ。匹夫、匹婦、豚児だよ。

山口瞳著『江分利満氏の優雅な生活』より

【著者プロフィール】

佐野量幸（さの・かずゆき）

1955年、福岡県生まれ。同県在住。
著書＝『三百年後の三国志』（三国志の時代からの300年後の、再びの三国志の物語）、『ギリシャ三国志』（古代ギリシャを舞台に、アテネやスパルタの興亡史）、『土持戦記』（日向戦国武将物語）、『司馬氏！　しばし待たれい!!』（「坂の上の雲」に対する揚げ足取り及び言い掛かり集）、『終戦をプロデュースした男 梅津美治郎大将』、『神代勝利』（佐賀戦国武将物語）、その他。

一般人のための「反ことわざ」人生案内

二〇一六年一月三〇日　第一刷

著　者　佐《さ》野《の》量《かず》幸《ゆき》

発行人　濵　正史

発行所　元《げん》就《しゅう》出版社

東京都豊島区南池袋四—二〇—九
サンロードビル2F・B
電話　〇三—三九八六—七七三六
FAX〇三—三九八七—二五八〇
振替〇〇一二〇—三—三一〇七八

装幀　クリエイティブ・コンセプト

印刷　中央精版印刷

ISBN978-4-86106-245-2 C0095

佐野量幸

終戦をプロデュースした男　梅津美治郎大将

この男の力量なくして、未曾有の混乱は収束できなかった！

『日本の一番長い日』『一死、大罪に謝す』に物申す。聖将今村均から尊敬され、あの東条英機に引導を渡し、阿南陸相を蔭から強く支え、日本を見事に終戦に導いた最後の参謀総長・梅津大将。

■1500円＋税

有賀　透

B級人生講座

厳しい時代を生きる智慧

社会的立場や経済力、家庭事情や健康状態など、私たちはいろんな問題を抱えています。とかく生きづらいこの時代を乗り切る術は、手近なところにあるのです。本書は困ったときに開いていただく「幸せの扉」を用意しました。

■1500円＋税